CASAIS EM REFLEXÃO

Antônio Mamede Fernandes

CASAIS EM REFLEXÃO

Vol. 1

Capa
Marcelo Campanhã

Imagem da capa
iStock

Impressão e acabamento
PAULUS

 Seja um leitor preferencial **PAULUS**.
Cadastre-se e receba informações sobre nossos lançamentos e nossas promoções: **paulus.com.br/cadastro**
Televendas: **(11) 3789-4000 / 0800 016 40 11**

1ª edição, 1982
35ª reimpressão, 2025

© PAULUS – 1982
Rua Francisco Cruz, 229 • 04117-091 – São Paulo (Brasil)
Tel.: (11) 5087-3700
paulus.com.br • editorial@paulus.com.br
ISBN 978-85-349-0215-1

Dedico este livro aos casais:

Cid e Neide
  Dionísio e Glória
    Zé Luís e Gilda
      Valter e Rute.

Deus lhes pague pelo serviço que prestam à Pastoral da Família, em Teófilo Otoni.

NOTA DA EDITORA

Em vista da grande aceitação destas reflexões e do pedido feito por Paulus Editora ao Autor, no sentido de continuar oferecendo temas de reflexão aos casais, Antônio M. Fernandes preparou "CASAIS EM REFLEXÃO — VOL. 2", que vem enriquecer os subsídios propostos neste livro.

APRESENTAÇÃO

Bons amigos! Redigimos estes roteiros pensando em vocês. Os temas lhes pertencem porque foram tirados da realidade em que vivem. Muitos casais já cresceram com sua ajuda. Muitos estão crescendo. Outros poderão crescer também.

Ajudem, portanto, a melhorar, criticando e sugerindo outros temas. E pedimos a atenção de vocês para as seguintes observações:

1 — Criemos um ambiente familiar, sereno, agradável, de confiança, em nossas reuniões.

2 — Não caiamos em discussões inúteis e desagradáveis que matariam o amor fraterno.

3 — Que todos façam esforço para se abrirem com sinceridade e valorizarem a opinião alheia.

4 — Já que há certa lógica na ordem dos roteiros, procuremos responder estritamente à pergunta feita, sem nos dispersarmos noutros assuntos.

5 — Cada um fale na sua vez e não interrompa o testemunho dos outros.

6 — Se algum casal do grupo fizer uma confidência mais íntima, os outros mereçam a confiança neles depositada e a guardem como segredo de amigo.

7 — A reunião será orientada pelo casal que recebe o grupo em casa.

Transcrevemos no final do livro partes do Documento de Puebla e dos Discursos e homilias de João Paulo II no Brasil, que achamos importantes e oportunas, como ponto de partida para uma reflexão séria e libertadora. Puebla aborda o tema "família" com grande preocupação e esperança, pois vê a família como "sujeito e objeto da evangelização, centro evangelizador de comunhão e participação". Não podemos, entretanto, agir eficazmente e ser fermento na massa se não conhecemos a realidade em que vive a família hoje, se ignoramos as forças que atuam sobre ela, disputando as consciências tanto dos pais quanto dos filhos. Nossa ação não deve ser impensada, ingênua e mal conduzida, mas deve basear-se em critérios sólidos.

Os apêndices que inserimos neste livro têm esta finalidade. O primeiro mostra a situação da família na América Latina e como ela deveria ser para cumprir a vontade de Deus. O segundo nos oferece uma visão sociocultural da realidade latino-americana e aponta algumas raízes de onde brotam os males que atingem a família. O terceiro e o quarto nos apresentam alguns critérios para agir sobre esta realidade e transformá-la, à luz do Evangelho. Somente assim poderemos fugir de uma certa pastoral da família, acusada de "familismo", que é aquela que trata da família independentemente da sua situação social, de que é também uma das vítimas.

Com um abraço e muita amizade no Senhor.

O Autor

Primeira Reunião:
AMIZADE

1 — Fatos da vida

Desabafo de Luciano:
— Nunca esperei isso do Emídio. Sempre confiei nele. Sempre o ajudei. Pensei que era aquele amigo do peito e, afinal, me fez uma destas... Isto machuca mais do que se ele fosse um estranho ou inimigo...

Assim falou Zacarias:
— Eu tenho muitos amigos. Mas o Flávio, eu vou te contar. Para mim ele foi mais do que um pai. Se hoje vivo com minha mulher e somos felizes, foi porque o Flávio me abriu os olhos a tempo. Se procuro ser cristão, participo da minha comunidade e deixei a vida que levava, tudo isso e muito mais eu devo ao Flávio. Antes eu tinha amigos de boteco, de farra, de pescaria... Amigo mesmo foi o Flávio que me ensinou o que é...

2 — Para reflexão

1. Para você, como se mostra um verdadeiro amigo?
2. O que pode atrapalhar uma verdadeira amizade?
3. Você tem algum amigo como Flávio? Conte.
4. Você se preocupa com os casais que têm problemas e procura ajudá-los?

3 — Leitura bíblica (Lucas 22,45-62)

4 — Tempo de silêncio e reflexão

1. O que esta Palavra de Deus pretende de mim hoje, neste encontro?
2. Como e quando traímos a Deus? Como Jesus reagiu à traição de Judas e de Pedro?
   Como Judas e Pedro reagem diante de Jesus?

5 — Oração ou canto

Segunda Reunião:
CRESCIMENTO NO AMOR

1 — Fatos da vida

Amélia abriu o álbum de seu casamento. Foi passando, fotografia por fotografia. E foi recordando: a igreja, os convidados, o vestido, o véu, a grinalda, os sorrisos, o padre... E ele, o príncipe maravilhoso, cheio de atenções e carinho.

Passaram dez anos. Já nasceram três brotinhos lindos. Para ela, foi duro perder a poesia e o romantismo dos primeiros tempos. A vida tornou-se monótona e difícil. Esfriaram-se no seu entusiasmo. Começaram a viver de forma paralela, marginalizando-se um ao outro, sem se conhecerem. Passam os dias sem se falarem, sem se aceitarem, como se fossem duas vidas justapostas, cansativas. Dois mundos trancados. Amélia e Francisco querem começar tudo de novo.

2— Para reflexão
1. Depois do nosso casamento, crescemos, estacionamos ou regredimos no amor?
2. Que qualidades descobri nele ou nela?
3. Que defeitos descobri em mim?
4. Estou sempre chamando a atenção dele ou dela para os defeitos, sem elogiar pelas qualidades?
5. Falo a estranhos dos defeitos dele ou dela?

3 — Leitura bíblica (Mateus 7,24-27)

4 — Tempo de silêncio e reflexão
1. Cristo tem sido o alicerce do nosso lar?
2. Sou capaz de escrever na areia os defeitos dos outros e na pedra suas qualidades?

5 — Oração ou canto

Terceira Reunião:
CULTIVAR O AMOR

1 — Fatos da vida

    Osvaldo e Lúcia foram a um casamento. Durante a celebração, o padre disse que o amor é como plantinha delicada. Precisa ser cultivado para crescer e dar frutos. Amor que não se cultiva é amor que vai definhando até morrer. Casamento não nos dá defintivamente um marido, uma esposa. Eles devem se dedicar um ao outro diariamente para chegar a uma comunhão perfeita. Por isso, namoro não deve terminar com o casamento. Casados também devem namorar.

    O padre terminou:
— Cultivem a plantinha do vosso amor e ela crescerá, se firmará e dará frutos gostosos para a felicidade de vocês.

    Osvaldo e Lúcia, quando foram para casa, conversaram muito tempo a respeito disso.

2 — Para reflexão

1. O que tenho feito para cultivar o amor de meu cônjuge?
2. Esforço-me por corrigir o que faz o outro sofrer ou jogo sempre a culpa no outro, pelo que não anda bem?
3. Acreditamos que muita coisa pode ser melhorada em nossa vida de casados, ou achamos que o melhor é deixar o barco correr?

3 — Leitura bíblica (1Coríntios 13,4-7)

4 — Tempo de silêncio e reflexão
   1. A caridade prevalece em nosso lar?
   2. Procuro colocar o outro em primeiro lugar ou faço valer meus próprios interesses?

5 — Oração ou canto

Quarta Reunião:
O GRUPO E A COMUNIDADE

1 — Fatos da vida

Numa certa cidade, havia um grupo de casais. As reuniões eram animadas, instrutivas. Um dia, Clélia disse:
— Ó gente, estou achando que o nosso grupo precisa voltar mais para os outros. Precisa ação. Este negócio de ficar só pensando em nós não dá.

O grupo, então, resolveu assumir uma atividade a favor da comunidade. Hoje, dois casais trabalham com grupinhos de crianças, três com adolescentes e um com jovens. Só um dos casais não teve condições de assumir tarefas novas na comunidade.

2 — Para reflexão
1. Nosso grupo, como tal, o que pode fazer para a construção do Reino de Deus?
2. Cristãos sem ação podem existir?
3. Onde achamos mais necessária a atuação dos leigos?

3 — Leitura bíblica (Mateus 20,1-13)

4 — Tempo de silêncio e reflexão
1. O Reino de Deus não se ganha. É sempre dom divino. Sou capaz de me fazer dom à minha comunidade?
2. Exijo compensações pelos trabalhos que presto à comunidade? Ou dou gratuitamente o que recebi das mãos de Deus?

5 — Oração ou canto

Quinta Reunião:
DIFERENÇAS PSICOLÓGICAS

1 — Fatos da vida

Rosa já estava meio desiludida. Tentava preparar os pratos mais gostosos, mas o marido ficava sempre elogiando a arte culinária de sua mãe. Nunca teve um gesto de louvor ou gratidão. Quando o marido viajava ou voltava do trabalho, ela esperava-o de penteado novo, toda cheirosa... e ele parecia alheio e desinteressado. Quando reclamava dos meninos, ele parecia nem ligar para isso. Deixou passar o último aniversário dela e nem se lembrou. Data de casamento, nem falar. Isso foi moendo a paciência de Rosa... Tudo isso e muito mais: a cinza do cigarro no chão, os chinelos fora do lugar, roupa suja misturada com roupa limpa, a toalha de banho molhada e atirada a um canto, etc.

2 — Para reflexão
1. Também acontece assim conosco?
2. Quais as diferenças que notam entre vocês e como resolvê-las?
3. Será mesmo que os homens são insensíveis? Ou será que têm mais dificuldade em perceber os pormenores?

3 — Leitura bíblica (João 21,1-13)

4 — Tempo de silêncio e reflexão
1. Tenho a mesma sensibilidade que Jesus teve para com os apóstolos cansados e famintos?
2. Os discípulos de Jesus seguem a Pedro, mas não podem pescar sem a ajuda eficaz de Jesus. O que isso significa para a nossa vida de casados?

5 — Oração ou canto

Sexta Reunião:
TELEVISÃO E FAMÍLIA

1 — Fatos da vida

Felipe chegou em casa um pouco mais tarde, devido a problemas de serviço. Estava na hora da novela. Fabíola correu ao fogão. Tirou a comida a toda pressa e colocou na mesa. Logo sentou de novo no sofá para não perder a novela. Aí, Felipe disse à esposa:
— Querida, desligue a televisão e venha sentar a meu lado!...
— Você está louco? Quem mandou você chegar atrasado?
— Quer dizer que eu valho menos pra você que a novela?
Foi o início daquela briga...

2 — Para reflexão
1. Como acontece em nossa casa?
   A televisão ajuda ou atrapalha nossa união familiar?
2. Sabemos renunciar ao programa preferido (novela, futebol etc.) para salvar a paz familiar?
3. Ajudamos nossos filhos a distinguirem o certo do errado nos programas de televisão?
4. Assistem a programas fora do horário que lhes é destinado? O que você pensa sobre isso?
5. Conheço o que diz o Documento de Puebla sobre a Comunicação Social?

3 — Leitura bíblica (Romanos 12,9-18)

4 — Tempo de silêncio e reflexão
   1. O que nos ensina esta passagem de São Paulo?
   2. Frente à influência massificadora dos meios de comunicação, o que devemos fazer para preservar os verdadeiros valores cristãos: o amor sem fingimento, o amor fraterno, a oração, a paz?...

5 — Oração (pelos que trabalham com os meios de Comunicação) *ou canto*

Sétima Reunião:
DIÁLOGO COM OS FILHOS

1 — Fatos da vida

Lucinha soube que seu pai tinha uma "filial". Ficou numa revolta terrível. Seu rendimento escolar sofreu uma quebra total. Não consegue olhar a cara do pai e não admite que ele lhe chame a atenção, seja do que for.

Armando estava na fossa. Tanto desejava ter aquele papo com o velho. Encheu-se de coragem, entrou no escritório do pai. E este, quase sem levantar os olhos dos papéis, foi logo perguntando:

— Bem, quanto é que você precisa? Armando saiu profundamente desiludido. Mais do que dinheiro do pai, precisava dele mesmo, da sua palavra amiga...

2 — Para reflexão

1. Já descobriram o que seus filhos acham de errado em vocês?
2. Dão tempo a seus filhos? Eles já descobriram que são importantes para vocês, mais do que tudo?
3. Sabe o que eles pensam dos professores, do sexo, do namoro, do uso do dinheiro?
4. Para eles, você é amigo, amiga ou patrão e cofre?
5. A educação dos nossos filhos tem sido preocupação de nós dois ou só da mãe?
6. Como anda a educação religiosa dos nossos filhos?

3 — Leitura bíblica (Efésios 6,1-4)

4 — Tempo de silêncio e reflexão
1. Compare o texto de São Paulo com o número 499 do *Documento de Puebla:* "A autoridade, necessária em qualquer sociedade, vem de Deus e consiste na faculdade de mandar segundo a reta razão..."
2. Que diferença existe entre autoridade e autoritarismo?

5 — Oração ou canto

Oitava Reunião:
HABITAÇÃO

1 — Fatos da vida.

Em nossas cidades, é difícil encontrar casas para morar. Os aluguéis são altíssimos. Segundo as autoridades, o salário mínimo devia ser suficiente para uma família viver: aluguel, alimentação, transportes, remédios, roupa, livros. O BNH, com dinheiro dos trabalhadores, faz casas populares, mas... quem pode morar lá? As favelas vão aumentando. Famílias inteiras vivem em um cômodo só, amontoando-se. Os terrenos são caríssimos. A construção nos morros é perigosa, por causa dos desabamentos... É o que sempre se vê quando vem uma enchente...

2 — Para reflexão
1. Acha sua casa suficiente para sua família morar?
2. Quem vive de salário mínimo e tem família pode ter casa decente?
3. Como encontrar uma solução?

3 — Leitura (Pacem in Terris, n. 11; Mater et Magistra, n. 69; Ver apêndices: Documento de Puebla, nn. 27-71; A Palavra de João Paulo II no Brasil, nn. 1-7).

"O ser humano tem direito à existência, à integridade física, aos recursos correspondentes a um digno padrão de vida, tais são especialmente o alimento, o vestuário, a moradia, o repouso, a assistência sanitária e os serviços sociais indispensáveis" (Pacem in Terris).

"Em alguns países a abundância e o luxo desenfreado de uns poucos privilegiados contrasta de maneira ofensiva com as condições de mal extremo da maioria. Noutros gastam-se somas altíssimas em armamentos" (Mater et Magistra).

4 — Tempo de silêncio e reflexão
1. Conheço a doutrina social da Igreja?
2. Tenho consciência de que os pobres constituem a maioria no mundo? Que a pobreza no Terceiro Mundo não é provisória, mas estrutural? Que a pobreza e a opressão socioeconômica e política dificultam, quando não impossibilitam, os pobres a exercerem seu direito de contrair regularmente matrimônio e a gozarem das condições mínimas para construir uma família normal?

5 — Oração ou canto

Nona Reunião:
O PERDÃO

1 — Fatos da vida

— Já perdoei demais. Só uma boba podia suportar o que eu venho suportando. Agora acabou. Estou cansada de esperar por você até às tantas da madrugada. De vê-lo aparecer bêbado, caindo ou trazido por amigos. Maus tratos, grosserias, outras mulheres... E nossos filhos vendo, fugindo assustados, crescendo traumatizados para toda vida.

— Minha querida, me perdoe. Você sabe que eu já melhorei bastante. Eu tinha passado três meses sem beber. Ontem aconteceu de novo. Você deve compreender que a gente não conserta de uma vez. Eu vou tentar novamente. Você quer me ajudar?

Josefa continuava chorando.

2 — Para reflexão

1. O que podemos fazer para ajudar esses casais?
2. Você perdoa mesmo ou, nas discussões, volta sempre a lembrar o passado?
3. Como Josefa podia ajudar o marido?
4. Quais os problemas que a bebida traz à harmonia do casal e aos filhos?

3 — Leitura bíblica (Lucas 6,31-42)

4 — *Tempo de silêncio e reflexão*
   1. Uma nota característica do amor cristão é aquela de se achar disposto a dar sem esperar as consequências, a oferecer e conceder o que se tem sem nada pedir como recompensa. É assim que vivemos o amor dentro de nosso lar?
   2. O amor é mais do que dar. É respeitar o outro. Homem algum tem o direito de exigir ou de obrigar o outro. Dar e perdoar tem sido a minha conduta fundamental?

5 — *Oração ou canto*

Décima Reunião:
NECESSIDADE DO DIÁLOGO

1 — Fatos da vida

— Já não aguento mais aquele silêncio. Antes brigássemos para poder despejar o que sou obrigada a guardar. Parece que as palavras engolidas em seco apodrecem aqui dentro, queimam, deixam uma ferida. Mas não! Ele não se abre de jeito nenhum. Quando tento dialogar, escuto sempre a mesma coisa:

— Estou cansado. Deixe-me em paz. Já sei o que você quer.

E a distância entre dona Josélia e Wander vai aumentando. Ele não sente necessidade de falar. Acha a mulher chata e faladeira.

2 — Para reflexão
1. Você conhece casais como Josélia e Wander?
2. Na sua opinião, quais os melhores meios para se chegar a um perfeito ajustamento conjugal?
3. Como respeitar o temperamento e o cansaço do outro?
4. Que atitude Wander e Josélia deveriam tomar?

3 — Leitura bíblica (João 4,4-42)

4 — Tempo de silêncio e reflexão
1. Procure descobrir, nessa passagem do Evangelho, os passos do diálogo entre Jesus e a Samaritana.
2. O que provoca o diálogo entre Jesus e a Samaritana? O "mutismo" de Wander não é sintoma de algo mais profundo que ele está vivendo? Seguindo a passagem do Evangelho, o que Josélia deveria fazer?

5 — Oração ou canto

Décima Primeira Reunião:
EMPREGO E SALÁRIO

1 — Fatos da vida

Júlia Maria trabalha como secretária de um dentista. Tem carteira assinada, mas ganha uma mixaria. Todo mundo sabe que há muitas moças nessas condições. Não podem se queixar ao Ministério do Trabalho, porque ficam marcadas. Nem exigir mais do patrão, porque são despedidas e há muita gente disposta a aceitar até essa bagatela e entrar no lugar delas. Muitas regiões, sobretudo a roça, estão ficando despovoadas. O povo está saindo para São Paulo, Belo Horizonte e outras cidades. Há pouca preocupação em criar aqui novos empregos. Para cada concurso aparecem milhares de candidatos.

2 — Para reflexão
   1. Conhece casos como o de Júlia Maria? Conte um.
   2. Por que o povo está saindo para fora?
   3. O que contribui para que os salários sejam tão baixos?

3 — *Leitura* (Pacem in Terris, n. 20; Mater et Magistra, n. 79; Ver apêndices: Documento de Puebla, nn. 36,37,38; A Palavra de João Paulo II no Brasil, nn. 18,26,27).

4 — Tempo de silêncio e reflexão

"Não podemos passar em silêncio o direito a uma remuneração do trabalho conforme aos preceitos da justiça; remuneração que permita ao trabalhador e à sua família um nível de vida de acordo com a dignidade humana" (Pacem in Terris). "É de justiça que as condições de trabalho sejam as mais dignas possíveis, que se aperfeiçoe a previdência social de modo a permitir a todos, na base de uma crescente solidariedade, enfrentar os riscos, os apertos e os encargos sociais. Ajustar o salário, em suas modalidades diversas e complementares, até ao ponto em que se possa dizer que o trabalhador participa real e equitativamente da riqueza para cuja criação ele contribui solidariamente na empresa, na profissão e na economia nacional, é uma exigência legítima" (João Paulo II, aos operários).

1. O que o nosso grupo de casais pode e deve fazer para que aquilo que ensina a Igreja se concretize?
2. O que pretendemos são reformismos ou mudanças profundas no seio da sociedade?

5 — *Oração ou canto*

Décima Segunda Reunião:
AS CHANTAGENS DO CASAMENTO

1 — Fatos da vida

Leocádia, para dobrar o marido, usa as lágrimas. Justina usa o sexo. Quando a marido quer se unir com ela, ouve sempre umas tantas exigências. Silvino usa o dinheiro. Diz muitas vezes para humilhar a esposa:

— O dinheiro é meu, é fruto do meu suor. Se você soubesse o que custa ganhar, não gastava assim tão facilmente.

Débora gasta demais, amontoa vestidos e joias, exige absurdos do marido, sob pretexto de que as amigas têm isto ou aquilo. Sabe que o marido tem uma índole pacífica e não quer brigar. Ela usa o temperamento do marido como arma. Mário usa o silêncio. Sabe que isso faz sofrer a esposa.

2 — Para reflexão
 1. Em nossa casa, também usamos de chantagens um para o outro? Quais?
 2. Vivemos de fato em comunhão de bens e dialogamos sobre nossas finanças?
 3. Um cristão pode fazer despesas inúteis e dizer: gasto o que é meu, ninguém tem nada com isto?

3 — Leitura bíblica (Lucas 6,32-36)

4 — Tempo de silêncio e reflexão
 1. Lutamos para que o nosso lar se transforme verdadeiramente numa comunidade de amor?
 2. Coloco-me em contínua atitude de conversão, para que meu amor seja um amor libertador, gratuito, que faz o outro crescer?

5 — Oração ou canto

Décima Terceira Reunião:
PROMOÇÃO SOCIAL

1 — Fatos da vida

No princípio do ano de 1979, houve enchentes por toda a parte. Centenas de barracos desabaram mostrando o problema grave de habitação, que existe em muitas cidades. As forças vivas da comunidade reúnem muita gente querendo ajudar. Surgiram ideias ótimas, mas nenhum desabrigado estava na reunião. Nenhum deu palpite. Vários grupos de trabalho para cozinhar, recolher roupas, etc. Há muitas vezes o perigo de fazer as coisas para os pobres e não com eles...

2 — Para reflexão
1. Qual será a melhor forma de ajudar?
2. Sabemos que muitas vezes as soluções são encontradas sem o povo. Isso marginaliza. Como ajudar o povo construir o seu próprio destino?
3. Concretamente, o que podemos fazer para construir uma "nova ordem social"?

3 — *Leitura* (Gaudium et Spes, n. 26; Ver apêndices: Documento de Puebla, nn. 1254ss; A Palavra de João Paulo II no Brasil, nn. 8-10ss;20-23).
"Colocar o homem no centro de toda atividade social, portanto, quer dizer sentir-se preocupado por tudo aquilo que é injustiça, porque ofende a sua dignidade. Adotar o homem como critério quer dizer comprometer-se na transformação de toda situação e realidade injusta, para torná-las elementos de uma sociedade justa".

"Toda sociedade, se não quiser ser destruída a partir de dentro, deve estabelecer uma ordem social justa. Este apelo não é uma justificação da luta de classes — pois a luta de classes é destinada à esterilidade e à destruição — mas é um apelo à luta nobre em prol da justiça social na sociedade inteira" (João Paulo II).

4 — Tempo de silêncio e reflexão
1. Que critério ou critérios devem adotar os cristãos na luta por uma sociedade mais justa?
2. Que tipo de ação nos propõe o papa João Paulo II para que a sociedade não seja "destruída a partir de dentro"?

5 — Oração ou canto

Décima Quarta Reunião:
CONDIÇÕES PARA O DIÁLOGO

1 — Fatos da vida

Armando e Berenice escutaram, numa palestra, esta condição para o diálogo: os dois devem procurar, antes de mais nada, a verdade. Devem ir desarmados, sem desejo de vencer, sem medo de serem vencidos. A única a vencer deve ser a verdade. Daí, aprenderam a escutar o outro, a não discutir, a fazer esforço para compreender a posição do outro e a aceitar as próprias limitações.

2 — Para reflexão
1. Na sua opinião, quais as condições para o diálogo?
2. Já tentamos dialogar sobre a nossa vida conjugal, financeira, espiritual, sobre a educação dos filhos?...
3. Quais os maiores obstáculos encontrados?
4. Fico com raiva, quando chamam a atenção para os meus defeitos?

3 — Leitura bíblica (Efésios 4,25-32)

4 — Tempo de silêncio e reflexão
1. Cristo, esposo da Igreja, a ama e se revela a ela. Entre os esposos, pode existir amor sem diálogo?
2. A que leva o diálogo? Pode existir amor conjugal sem comunhão e participação?

5 — Oração ou canto

Décima Quinta Reunião:
DIVERGÊNCIAS NA EDUCAÇÃO DOS FILHOS

1 — Fatos da vida

Joelita tem algumas queixas de seu marido Jomar. Em vez de um diálogo sereno, ela se serve de várias formas de vingança contra ele. Assim, ela conseguiu jogar seus filhos contra o pai.

Avelino, não conseguindo chegar a um acordo com Celina, sua esposa, sobre a educação dos filhos, entregou os pontos, dizendo:

— "Não quero mais saber. Faça como você quiser, que eu não vou falar mais nada. Não conte comigo".

2 — Para reflexão
1. Como acontece com vocês neste ponto?
2. Que inconvenientes são provocados pela divergência no modo de atuar em relação à educação dos filhos?
3. Acha que podemos entregar os pontos, como Avelino?

3 — Leitura bíblica (Lucas 2,41-45)

4 — Tempo de silêncio e reflexão
1. Toda criança — imagem de Jesus que nasce pobre, sujeito a seus pais — deve ser acolhida com carinho e bondade. Como tem sido meu relacionamento com os filhos?

2. Cristo se manifesta a seus pais como uma pessoa nova, singular, única e irrepetível. Em Jesus se resume o mistério do Deus de Amor. Considero meus filhos assim também? Nas circunstâncias sociais, econômicas, culturais em que vivemos hoje, você se sente capacitado para educar e evangelizar, em nome de Cristo, seus filhos?

5 — *Oração ou canto*

Décima Sexta Reunião:
PARE!

1 — Fatos da vida

Numa reunião de casais, Zé Maria contou que tinha ido com a esposa a uma churrascaria e tinha batido um longo papo de quatro horas. Acharam tão breve e gostoso esse tempo de namoro dos dois sozinhos. Abordaram uma série de temas muito importantes para o casal e para os filhos. Resolveram mesmo repetir a experiência de vez em quando.

2 — Para reflexão
1. Nós temos alguma experiência semelhante?
2. Por que será que, antes do casamento, há tanto assunto e depois chega quase a faltar?
3. Não seria possível uma parada mensal, a sós, marido e esposa?

3 — Leitura (Documento de Puebla, nn. 582-583)

4 — Tempo de silêncio e reflexão

"A família é imagem de Deus, que 'no mais íntimo do seu mistério não é uma solidão, mas uma família'. É uma aliança de pessoas, à qual se chega por vocação amorosa do Pai, que convida os esposos a uma 'íntima comunidade de vida e de amor', cujo modelo é o amor de Cristo por sua Igreja. A lei do amor conjugal é comunhão e participação, não dominação. É uma exclusiva, irrevogável e fecunda entrega à pessoa amada, sem perder a própria identidade. Um amor assim compreendido

em sua rica realidade sacramental, é mais do que um contrato; possui as características da aliança" (Puebla, 582).
1. O amor conjugal se fundamenta numa aliança de pessoas. A partir do texto acima, o que isto significa?
2. Vocês são um "casal OK ou uma solidão a dois"?

5 — *Oração ou canto*

Décima Sétima Reunião:
SEGURANÇA SOCIAL

1 — Fatos da vida

Seu Domingos trabalhava numa serraria que parou há meses. Ele está aflito. Não encontra trabalho e em casa tem seis filhos que não param de comer...

Aristeu trabalhou vinte anos numa fazenda. Agora está velho e doente, veio para a cidade. Ainda não conseguiu aposentadoria e vive na favela. Faz uns bicos, mas passa necessidade.

Dona Ciara trabalha como doméstica. Não tem carteira assinada nem família perto. Um filho foi para o Paraná e uma filha para São Paulo, mas é fraca. Está preocupada com a velhice, quando já não puder trabalhar.

2 — Para reflexão
1. Você conhece casos parecidos? Conte um.
2. O que fazer nos casos apresentados?
3. Será que Deus não criou o suficiente para todos?
4. A aposentadoria será um favor do governo ou um direito que o trabalhador tem?

3 — Leitura (Pacem in Terris, n. 11; Ver apêndices: Documento de Puebla, nn. 1271-1273; A Palavra de João Paulo II no Brasil, nn. 5-6; 16,20 etc.).

4 — Tempo de silêncio e reflexão

"A pessoa tem o direito de ser amparada em caso de doença, de invalidez, de viuvez, de velhice, de desemprego forçado e em qualquer outro caso de

privação dos meios de sustento por circunstâncias independentes da sua vontade" (Pacem in Terris, n. 11).
1. A Igreja fez opção pelos pobres. O que isto significa para você?
2. Diante das injustiças, qual deve ser a atitude do cristão: calar ou denunciar? Basta apenas denunciar?

5 — *Oração ou canto*

Décima Oitava Reunião:
AJUSTAMENTO CONJUGAL

1 — Fatos da vida

O perfeito ajustamento nasce de pequenas coisas. Assim, Mércio deixou de fumar para agradar a esposa. Maria José renunciou a festas e bailes que adorava. Roberta deixou de reclamar logo que o marido entra em casa. Afonso renunciou à pinga. Lídio suspira por ficar em casa, à noite, ler o jornal, saborear a paz de sua casa, ver um filme na tevê etc. Lídia, sua esposa, está cansada das mesmas paredes, da mesma prisão de todo dia e adora sair, ir ao cinema, visitar amigos...

2 — Para reflexão
1. A que você renunciou e renuncia para a harmonia do casal?
2. Como você ajudaria a resolver o caso de Lídio e Lídia?
3. O que gostaria que mudasse em seu cônjuge? O que mais lhe agrada nele? O que mais faz você sofrer?

3 — Leitura bíblica (Lucas 9,23-25)

4 — Tempo de silêncio e reflexão
1. Só quem arrisca, entrega e perde a sua vida no caminho de Jesus, pode conquistar-se. O que isto significa para a vida de um casal?
2. A vida conjugal e familiar implica sacrifícios e renúncias. Como a vida de um casal pode tornar-se uma "páscoa", uma manifestação permanente de ressurreição?

5 — Oração ou canto

Décima Nona Reunião:
A QUEM RECORRER?

1 — Fatos da vida

Lá em casa, as coisas iam o pior possível. Agressões físicas, discussões bravas, silêncios ferozes. Geralda foi convencida por uma amiga de que o marido recebia um espírito estranho e vingativo que estava tramando aquela desgraça toda. Geralda resolveu, então, recorrer a um terreiro de macumba. Porém, nem galinha preta, nem garraiada, nem velas na encruzilhada puderam devolver-lhe a harmonia com seu marido. Geralda, pouco depois, encontrou uma amiga e lhe mostrou seu desapontamento.

— Minha filha, você não é cristã? Então deixe essas bobagens. Só Cristo é nosso libertador. Só Deus é nosso pai. Não coloquemos nossa esperança nessas coisas.

2 — Para reflexão
1. Você conhece casos como o de Geralda? Conte.
2. Por que as pessoas recorrem à macumba e ao espiritismo?
3. Nós, na prática, acreditamos mesmo que Deus é nosso Pai?

3 — Leitura bíblica (Romanos 8,26-39)

4 — Tempo de silêncio e reflexão
1. Que lugar ocupa a oração dentro de nosso lar?
2. Na oração pedimos a Deus que resolva os nossos problemas ou pedimos forças para que possamos resolvê-los?

5 — Oração ou canto

Vigésima Reunião:
SAÚDE

1 — Fatos da vida

Dona Albertina precisava de uma ficha do INPS. Consulta particular é luxo de rico. De pé, debaixo da chuva, passou a noite à porta da agência, esperando a hora de abrir. Mesmo assim, não conseguiu ficha para o dentista. Na sua frente, havia número suficiente para tomar todas as fichas.

O povo começa a queixar-se das consultas rápidas e superficiais. Começa a desacreditar do INAMPS. Os médicos alegam que recebem muito pouco e não dá para fazer um exame sério e minucioso. E o povo é que paga...

2 — Para reflexão
1. O que você acha do atendimento do INAMPS?
2. Como pode o povo defender seus direitos?
3. Conhece casos de atendimento deficiente? Conte.

3 — Leitura (Declaração Universal dos Direitos Humanos da ONU, 10/12/49; Ver apêndices: Documento de Puebla, nn. 16-50; A Palavra de João Paulo II no Brasil, 9,26,27).

4 — Tempo de silêncio e reflexão

"Todo o homem tem direito a um padrão de vida capaz de assegurar a si e a sua família saúde e bem-estar, inclusive alimentação, vestuário, habitação, cuidados médicos e os serviços sociais indispensáveis..." (Decl. Univ. dos Direitos Humanos).

"Àqueles de entre vós que pudestes conquistar os bens espirituais do saber, que dispondes de posses materiais, de conforto e bem-estar, que num ou noutro setor ocupais postos de decisão, não posso silenciar um pedido que vem do coração: assumir plenamente, sem reservas e sem retorno, a causa de vossos irmãos que se debatem na pobreza. Esta é frequentemente tão deprimente e paralisante que é impossível reerguer-se e fugir dela só com as próprias forças..." (A Palavra de João Paulo II no Brasil).

1. O que significa para o cristão promover a dignidade da pessoa humana?
2. É suficiente denunciar as injustiças?

5 — Oração ou canto

Vigésima Primeira Reunião:
ESTUDO

1 — Fatos da vida

No mês da Bíblia, Ivete, 10 anos, chegou em casa com uma pesquisa para fazer. Tratava-se de analisar o livro de Tobias.

Susana, sua mãe, nem sabia que esse livro existia na Bíblia... Dias depois, vieram em sua casa duas testemunhas de Jeová. Falaram, citaram a Bíblia, argumentaram, deixando-a meio baratinada. Isto serviu para ela sentir que precisava conhecer sua religião e a interpretação correta da Bíblia. E começou a ler, participar de cursos e encontros e a ligar-se mais à sua comunidade.

2 — Para reflexão
   1. Conhecemos a Palavra de Deus?
   2. Sabemos responder às críticas e à interpretação que se fazem da Bíblia?
   3. Na semana que passou, quanto tempo dei ao estudo da Palavra de Deus?
   4. Procuramos transmitir a nossos filhos a mensagem de Deus?

*3 — Leitura bíblica (*Marcos 4,1-20*)*

4 — Tempo de silêncio e reflexão
   1. Por que a Palavra de Deus não cresce em nós?
   2. Que tipo de terreno nós somos?

5 — Oração ou canto

Vigésima Segunda Reunião:
FAMÍLIA EM ORAÇÃO

1 — Fatos da vida

Depois de ter feito o Encontro de Casais com Cristo, Júlia Maria sentou com seu filho Tito na beira da cama. E rezou com ele, agradecendo ao Pai os favores. No fim, Tito, com seus cinco anos vivos, disse:
— Mãezinha, a senhora está muito bacana! Eu pensava que a gente só rezava na escola!
Numa reunião de adolescentes foi perguntado:
— O que mais atrapalha a união e a paz da família?
Vários participantes deram como causa da infelicidade em casa a falta de Deus e de oração em família.

2 — Para reflexão
1. Costumamos rezar com nossos filhos?
2. Sabemos louvar e agradecer ao Senhor ou só sabemos pedir?
3. Participamos da eucaristia com nossos filhos?
4. Preocupamo-nos com a formação religiosa de nossas empregadas?

3 — Leitura bíblica (Lucas 11,1-13)

4 — Tempo de silêncio e reflexão
1. A verdadeira oração significa "estar abertos" ao amor do Pai. Sinto que estou aberto a Deus, com toda a minha vida, com o problema que cada dia me traz?
2. A verdadeira oração significa também "estar abertos" aos irmãos. Tenho consciência de que, sem esta caridade básica de nossa vida, não existe um verdadeiro encontro com o Pai?

5 — Oração ou canto

Vigésima Terceira Reunião:
DESIGUALDADE SOCIAL

1 — Fatos da vida

Segundo estatísticas oficiais, 11% da riqueza do Brasil pertence à metade dos brasileiros, enquanto 5% recebe 40% da renda do país. O custo de vida sobe. O salário não acompanha. A fome chega. Primeiro, o povo deixa de comprar carne; depois, leite, café, feijão, arroz... As crianças mal alimentadas não se desenvolvem. De cem crianças que começam o primário, só dez terminam. Sua vida será de servidão e de sofrimento.

2 — Para reflexão

À sua volta, nota muita desigualdade?

Se Deus dá tudo para os seus filhos, está certo que uns já nasçam ricos e outros sem nada?

Quem mais trabalha é quem ganha mais?

Haverá gente interessada em que muitos fiquem subdesenvolvidos e não abram o olho?

3 — Leitura bíblica (Tiago 5,1-6)

4 — Tempo de silêncio e reflexão

1. "Não teremos democracia plena, enquanto no Brasil houver metade da população rica, poderosa, exigindo mais e mais conforto e bens de consumo, e outra metade privada de tudo e vivendo em condições desumanas..."
2. "Que não haja brasileiro morando em casas que são mais propícias ao surgimento de doenças do que à sobrevivência de nossas crianças..." (Ex-ministro da Saúde, Almeida Machado, em *jornal do Brasil*, 01/02/79).

5 — Oração ou canto

Vigésima Quarta Reunião:
TER TEMPO

1 — Fatos da vida

Noêmia, para ajudar o marido, dava aulas de manhã e de tarde. À noite vai para a Faculdade. Começou, então, a notar certos problemas psicológicos em seus filhos Márcio, de 3 anos, e Marcos, de 7. Num dos últimos fins de semana, fez encontro Vida Nova. Descobriu que sua quase total ausência do lar podia criar problemas graves no equilíbrio afetivo de seus filhos. Daí, resolveu deixar de lecionar no horário da tarde. Quando Marcos viu que ela ficava em casa, perguntou:
— Mamãe, que aconteceu? Foi despedida? Noêmia explicou que deixou as aulas da tarde para estar com eles. Então o garoto respondeu:
— Legal, até que enfim este ano vamos ter mamãe como os outros meninos.

2 — Para reflexão
1. Como aconteceu conosco?
2. Há verdadeira confiança entre nós e nossos filhos? Confiamos neles? Eles confiam em nós?
3. Consideramos importante o tempo que dedicamos a nossos filhos?
4. O que nos impede de dar-lhes mais tempo?

3 — Leitura bíblica (Lucas 12,16-21)

4 — Tempo de silêncio e reflexão
1. O que essa passagem do Evangelho nos ensina?
2. O que é ser rico para Deus? O que é ser rico para o mundo?

5 — Oração ou canto

Vigésima Quinta Reunião:
AJUDA MÚTUA

1 — Fatos da vida

Perguntaram a Cláudio por que não dava uma mãozinha à mulher, atarefada com as quatro crianças e o jantar. Sem tirar os pés de cima da mesinha da sala, ele respondeu:

— Já trabalhei muito hoje; já fiz a minha parte. Será que não tenho direito a um pouco de descanso ao chegar em casa?

2 — Para reflexão
1. Como acontece conosco? Gostamos de ajudar o outro, aliviando seu peso?
2. Em que gosto de ser ajudado pelo outro?
3. Aceito a ajuda e a colaboração do outro?

3 — Leitura bíblica (Gálatas 6,1-10)

4 — Tempo de silêncio e reflexão
1. Onde começa a caridade, o respeito pelo outro?
2. À luz dessa Palavra de Deus que acabamos de ouvir, o que devemos mudar em nossa vida?

5 — Oração ou canto

Vigésima Sexta Reunião:
NOSSA CONTRIBUIÇÃO MATERIAL

1 — Fatos da vida
   Certo dia, o Velho Tião assim falou para seu vigário:
   — Eu acho que o dízimo é mesmo questão de amor. Quem não ama não entende.
   E dona Jussara explicou:
   — Se tudo recebemos de Deus, por que não reconhecê-lo? Ele tudo nos dá de graça: a vida, a saúde, o alimento, o ar que a gente respira... Eu quero agradecer a Deus, quando levo a minha oferta na igreja...
   Palavra de Ênio:
   — Se eu somar o que gasto em cigarros, bebida, cinema, o que dou para a comunidade? Nada.

2 — Para reflexão
   1. Concorda com o Velho Tião e com dona Jussara?
   2. Sua contribuição é mesmo significativa e fruto de amor e sacrifício?
   3. O nosso grupo não poderia fazer algo no campo do dízimo? Explicar isto aos vizinhos, distribuir os envelopes, etc?

5 — Leitura bíblica (Marcos 12,41-44)

4 — Tempo de silêncio e reflexão
   1. O valor da oferta está na quantidade ou na qualidade? Como se mede a esmola? Pelo que se dá ou pelas posses do doador?
   2. Por que a viúva da narração evangélica, com o seu tostão, deu mais que qualquer outro?

5 — Oração ou canto

Vigésima Sétima Reunião:
AS EMPREGADAS

1 — Fatos da vida

Nas rodas de amigas, ouvem-se as maiores reclamações a respeito das empregadas: não sabem agradecer, são preguiçosas. Quando chegou não sabia fazer nada. Trocou de patroa porque a outra não tem meninos. Ficou grávida...

2 — Para reflexão
1. Você gostaria de estar no lugar de sua empregada?
2. Já somou tudo o que você lhe deve?
   O que seria necessário para pagar tudo isso?
3. Trata-a como pessoa humana ou como escrava? Tem folga e descanso?
4. Acha o salário dela suficiente para que seu futuro seja melhor?
5. Tem carteira assinada e assistência social?
6. Ela se sente como pessoa da família ou estranha e marginalizada? Acha que isso tem influência no seu equilíbrio afetivo?

3 — Leitura (Ver apêndices: Documento de Puebla, nn. 1145, 1146, 1271, 1272; A Palavra de João Paulo II no Brasil, nn. 23, 27)

4 — Tempo de silêncio e reflexão

"É de suma importância que este serviço do irmão siga a linha que o Concílio Vaticano II nos traça: 'Cumprir antes de mais nada as exigências da justiça, para não ficar dando como ajuda de caridade aquilo que já se deve em razão da justiça; suprimir as causas e não só os efeitos dos males e organizar os auxílios de forma tal que os que os recebem se libertem progressivamente da dependência externa e se bastem a si mesmos' " (AA 8) (Puebla, n. 1146).

1. Estamos cumprindo a justiça com relação às nossas empregadas?
2. Qual o melhor serviço que podemos prestar ao pobre?

5 — *Oração ou canto*

Vigésima Oitava Reunião:
AJUSTAMENTO SEXUAL

1 — Fatos da vida

Confidência do Ilídio a um sacerdote amigo:
— Ontem cheguei em casa um pouco tarde, vindo do cinema. Acordei Lia, que já estava dormindo, e quase a forcei à relação íntima. Hoje sinto vergonha, porque me portei como animal e não soube respeitar o sono e o cansaço de minha esposa. Sei que ela ficou muito chocada. Fui egoísta demais.

2 — Para reflexão
1. Na sua opinião, o que dificulta o ajustamento sexual entre os esposos?
2. Por que muitas mulheres não se sentem realizadas sexualmente no matrimônio?
3. Entre nós, há algum problema difícil? (Procure ser sincero).

3 — Leitura bíblica (1ª Coríntios 7,1-5)

4 — Tempo de silêncio e reflexão
1. O que esta passagem evangélica ensina aos casais?
2. O que Paulo aconselha para se evitar o egoísmo no uso do matrimônio?

5 — Oração ou canto

Vigésima Nona Reunião:
DIA DA ALEGRIA E DA LIBERTAÇÃO

1 — Fatos da vida

Tulinho, 10 anos, assim definiu o domingo:
— É o dia em que a família encontra tempo de se amar.
Túlio suspirou:
— Quem me dera chegasse logo sábado!
— Papai, domingo nos leva na Pampulha? — pediram os filhos de Silvinho.
Os documentos do Concílio chamam ao Domingo "O dia da alegria e da libertação do trabalho".

2 — Para reflexão
1. Sua família aproveita o domingo para crescer no amor e celebrar a alegria e a liberdade?
2. A missa do domingo é para você festa e alegria?
3. Gostamos de ficar e nos divertir juntos ou cada um vai procurar sua distração?

3 — Leitura bíblica (Marcos 6,30-32)

4 — Tempo de silêncio e reflexão
1. Estou convencido de que participar da Eucaristia é uma questão de amor?
2. Preocupo-me em saber, conhecer e aprofundar o verdadeiro significado da Eucaristia?

5 — Oração ou canto

Trigésima Reunião:
EDUCAÇÃO

1 — Fatos da vida
"Curitiba. Mais de três mil professores contratados do Paraná estão desempregados. Por não conseguir renovar seu contrato, o professor Clóvis Picene, de Telêmaco Norda, bebeu soda cáustica e morreu esta semana" (Jornal do Brasil, 01/02/79).
Em São Luís do Maranhão, vinte mil crianças não terão possibilidades de frequentar escolas (Dos Jornais).
Segundo estatísticas da ONU, o Brasil é um dos países latino-americanos que gasta menor porcentagem de seu orçamento em educação e um dos que mais gasta em despesas militares".

2 — Para reflexão
1. Há muitas crianças que não frequentam a escola. Por que será?
2. Um pobre tem condições para frequentar a Faculdade?
3. Por que será que, de cem crianças brasileiras, só dez terminam o primário?

3 — Leitura (Ver apêndices: Documento de Puebla, nn. 1271, 1272; A Palavra de João Paulo II no Brasil, nn. 4, 5)

4 — Tempo de silêncio e reflexão
"... Propus como critério o homem concreto, com estas palavras: 'Quando se fala do direito à vida, à

integridade física e moral, à alimentação, à habitação, à educação, à saúde, ao trabalho, à participação responsável na vida da nação, fala-se da pessoa humana. É esta pessoa humana que se encontra frequentemente ameaçada e faminta, sem casa e sem trabalho decentes, sem acesso ao patrimônio cultural de seu povo ou da humanidade e sem voz para fazer ouvir suas angústias..." (Puebla).

1. Que pistas de ação esta palavra do Papa nos mostra?
2. Como anda a educação em nossa cidade, em nosso bairro?

5 — *Oração ou canto*

Trigésima Primeira Reunião:
VIVÊNCIA CRISTÃ

1 — Fatos da vida

Célia, no tempo de solteira, teve uma formação religiosa tradicional. Participava da missa regularmente. Tinha suas devoções. Na hora do aperto, fazia suas promessas que cumpria rigorosamente, com certo espírito de temor. Casou na Igreja com Roberto, um moço um pouco desligado da prática religiosa. No tempo de namoro, e mesmo depois de casados, iam à missa. Até que veio a primeira gravidez, a primeira criança. Aí começaram a se afastar da Igreja. Novos filhos e a prática religiosa ficou reduzida ao mínimo: iam à igreja para o batizado dos filhos, o casamento de amigos e missas de sétimo dia.

2 — Para reflexão
1. O que significou para nós o casamento religioso? Encontro com Deus e compromisso com ele?
2. Qual o lugar de Deus em nossa vida? Anda esquecido? Só é lembrado nos momentos de apertos? É Pai cujo amor sentimos ou quebra-galhos?
3. Costumamos rezar pelo outro? Agradecer a Deus pelo seu amor?

3 — Leitura bíblica (Efésios 5,22-33)

4 — Tempo de silêncio e reflexão
1. O que nos ensina esta passagem bíblica sobre a moral doméstica?
2. Qual é o modelo ideal para o casamento, apresentado por Paulo?

5 — Oração ou canto

Trigésima Segunda Reunião:
FAMILIARES

1 — Fatos da vida

José e Maria casaram. Não conseguindo casa, foram viver com os pais dele. Daí, os problemas começaram a surgir. Nas discussões, os pais entravam sempre, tomando o partido de José. Sua mãe dava ordens a Maria, que começou a sentir-se como uma empregada. Os ciúmes da mãe pelo filho foram criando problemas. Maria ficava nervosa quando a sogra fazia comparações e dizia:

— No meu tempo não era assim...

Eles não se sentiam livres para viver a vida de casados: uma saída à noite, uma ida ao cinema, uma visita...

2 — Para reflexão
1. Como tem sido o relacionamento com nossos familiares? Tem ajudado? Tem atrapalhado?
2. E o relacionamento de nossos pais com nossos filhos? Nossa autoridade e sua educação tem sofrido por causa de nossos familiares?
3. Procuramos visitar e ajudar as pessoas da nossa família, sem limitar a nossa independência?

3 — Leitura bíblica (Marcos 10,1-16)

4 — Tempo de silêncio e reflexão
1. O que nos ensina esta passagem do evangelho?
2. O cristão não se caracteriza por *estar contra alguém*, nem por repelir o outro. Como se define pois o cristão?

5 — Oração ou canto

Trigésima Terceira Reunião:
DO PAI AO PAI

1 — Fatos da vida

A embarcação, com muita gente, atravessava o rio largo. Os passageiros percebem que o barco vai se afundando. Todo o mundo apavorado. Pedrinho, seis anos, continuou tranquilo, brincando.

Você não está com medo, Pedrinho? — alguém perguntou.

Não tem perigo! Meu pai é o capitão! — respondeu o menino.

2 — Para reflexão
1. Nossa confiança em Deus resiste aos momentos de dificuldades?
2. Damos segurança a nossos filhos de modo a sermos a imagem de Deus para eles?
3. Lembra algumas passagens do evangelho em que Cristo transmite paz, segurança?

3 — Leitura bíblica (Romanos 8,31-39)

4 — Tempo de silêncio e reflexão
1. Que ideia eu faço de Deus?
2. Que imagem de Deus transmitimos a nossos filhos?

5 — Oração ou canto

Trigésima Quarta Reunião:
HUMILDADE E DIÁLOGO

1 — Fatos da vida

Rosarinha e Alberto casaram-se há dois anos. A tempestade está rodando sua casa. Ela tem um temperamento um pouco difícil. Sempre quer estar com a razão. Gosta de dominar seu marido e tira sempre uma vingança de qualquer falha real ou aparente de Alberto.

O marido por vezes também não tem mais paciência. Há poucos dias, Alberto chamou Rosarinha e lhe disse:

— Meu amor, assim não é possível vivermos. Por que havemos de nos martirizar? Olha, eu conheço sinceramente minha falta de delicadeza, minhas desatenções, minhas palavras ásperas. Vamos parar e ver o que nos impede de vivermos unidos e felizes.

2 — Para reflexão
 1. Como acontece conosco?
 2. Queremos ter sempre razão ou aceitamos nossos erros?
 3. Sabemos pedir perdão e ser humildes?
 4. Há quanto tempo foi a nossa última briga?

3 — Leitura bíblica (Marcos 9,33-37)

4 — Tempo de silêncio e reflexão
 1. O que Jesus pede de cada um de nós nessa passagem evangélica?
 2. Quem é o maior no Reino de Deus?

5 — Oração ou canto

Trigésima Quinta Reunião:
CIÚMES

1 — Fatos da vida

Jacinto, por ciúme, não permitia que a mulher saísse de casa sozinha. Nem para fazer a feira. Esta desconfiança e falta de liberdade quase destruía o seu casamento. Ana Maria, não suportando mais, por pouco não abandona o lar.

Beto tinha uma mulher terrível. Bastava chegar um pouco mais tarde para ela fazer as piores suspeitas. Mantinha-o escravo em casa. Se o marido sorrisse ou cumprimentasse alguma senhora ou moça, nascia um conflito. Pobre dele, se mencionasse algum nome feminino nas suas conversas...

2 — Para reflexão
1. Quais os males gerados pelo ciúme?
2. Você ajuda o relacionamento normal do seu cônjuge com outras pessoas?
3. É possível defender e zelar pela pessoa amada sem prendê-la, sem oprimi-la, sem egoísmo?

3 — Leitura bíblica (Marcos 14,3-9)

4 — Tempo de silêncio e reflexão
1. Esta passagem do Evangelho nos mostra que a paixão de Jesus está próxima. A bondosa mulher fez o que pôde: ungir o Cristo para a sepultura. O que isso significa para a vida do casal?
2. O que significa amar até ao fim?

5 — Oração ou canto

Trigésima Sexta Reunião:
PARTICIPAÇÃO NOS BENS

1 — Fatos da vida

Cerca de 20% dos habitantes da terra possuem 80% dos bens que Deus criou para toda a família humana. No Brasil, a riqueza do país está ficando cada vez mais concentrada nas mãos de uns poucos. A maioria está ficando cada vez mais pobre. O domínio e a exploração das empresas multinacionais é cada vez maior, enquanto o povo trabalhador passa muita necessidade. Basta apenas falar na necessidade de melhor distribuição da renda?

2 — Para reflexão
1. É possível uma melhor distribuição da renda? Como?
2. Quais as vantagens e desvantagens que você acha numa greve?

3 — Leitura (Mater et Magistra; Puebla; A Palavra de João Paulo II no Brasil, nn. 8, 9)

4 — Tempo de silêncio e reflexão

"Um povo será economicamente rico, quando o bem-estar for geral e houver o direito pessoal de todos ao uso dos bens terrenos, de acordo com o plano estabelecido pelo Criador" (Papa Pio XII).

"A riqueza econômica de um povo não depende só da abundância global dos bens, mas também e mais ainda, da real e eficaz distribuição deles, segundo a justiça" (Mater et Magistra, n. 74).

"É necessário que os capitais ganhos não se juntem nas mãos dos ricos, senão na justa medida e se distribuam com certa abundância entre os operários" (Quadragésimo Anno).

"Ninguém pode negar a concentração da propriedade empresarial, rural e urbana em mãos de poucos, o que torna imperioso reivindicar verdadeiras reformas agrárias e urbanas; de igual forma, a concentração do poder pelas tecnocracias civis e militares, que frustram as exigências de participação e garantias dum Estado democrático" (Puebla, n. 1263).

1. Comentar os textos lidos.
2. Concretamente, o que nós, casais cristãos, podemos fazer para melhorar a situação?

5 — *Oração ou canto*

Trigésima Sétima Reunião:
EDUCAÇÃO RELIGIOSA

1 — Fatos da vida

Marcolina e Jerônimo criaram seus filhos com o máximo cuidado. Pensam que lhes deram uma boa formação religiosa. Eles próprios leem a Bíblia em casa. Procuram aprofundar sua fé, lendo bons livros. E participam de movimentos de igreja. Seu filho, Miguel, 14 anos, deixou sua mãe muito preocupada, porque está querendo afastar-se da prática religiosa. Começou a criticar certas coisas e a mostrar-se rebelde. Ela não sabe se há de castigar ou deixar para lá, como ele quiser.

2 — Para reflexão
1. Como anda a educação religiosa de nossos filhos?
2. Quais os problemas encontrados?
3. Motivos possíveis para Miguel se afastar da prática religiosa.
4. Diante da indecisão de Marcolina — castigar ou largar pra lá — o que você aconselharia?

3 — Leitura bíblica (Lucas 15,11-31)

4 — Tempo de silêncio e reflexão
1. Que valor tem o perdão dentro de nosso lar?
2. Como, à luz desse evangelho, podemos educar nossos filhos sem nos impormos a eles?

5 — Oração ou canto

Trigésima Oitava Reunião:
EDUCAÇÃO SEXUAL DA CRIANÇA

1 — Fatos da vida

Sebastiana fica apavorada com as perguntas que os filhos pequenos lhe fazem:

— Por que a irmãzinha não tem "pintinho"? Donde veio o nenezinho da tia Verônica? Como o nenê sai da barriga da mãe? Como o nenê entrou?

Sebastiana aprendeu as evasivas mais comuns: a cegonha, o médico, ou simplesmente responde "isso não se pergunta, menino! Quando você for grande, eu explico!"

Luciano descobriu que a sua filha, 5 anos, se trancava no guarda-roupa antes de ele entrar no quarto para trocar de roupa. Ficava espreitando o pai... Lúcio, 3 anos, pediu para tomar banho com o pai...

2 — Para reflexão
1. Seus filhos fazem perguntas sobre sexo? Se não fazem, você acha que deve provocá-las?
2. Como você tem respondido?
3. O que acha das respostas mentirosas ou evasivas?
4. Você consegue um clima de confiança e maturidade para responder às dúvidas de seus filhos?
5. Como resolveria os casos da filha de Luciano e de Lúcio, se isto acontecesse com seus filhos?

3 — Leitura bíblica (Tito 3,3-7)

4 — Tempo de silêncio e reflexão
1. Nesta passagem da Bíblia, Paulo fala dos efeitos do batismo. Isto significa que o cristão tem uma maneira própria de encarar o seu próprio corpo (templo de Deus), de encarar a vida, de encarar o outro... Falamos disso para os nossos filhos?
2. Ensinamos às crianças valorizar o seu próprio corpo e o dos outros, como templos do Espírito Santo?

5 — Oração ou canto

Trigésima Nona Reunião:
NAMORO

1 — Fatos da vida

Fátima é uma normalista e está noiva de um rapaz de família muito rica. Seu amor nasceu mais das posses da família dele do que de um sentimento sincero.

Beth, uma jovem estudante, 17 anos, viu que seu pai dava bronca todas as vezes que ela arranjava um namorado. Agora, às escondidas, está namorando um rapaz pouco recomendável. Nem com a mãe ela se abre.

2 — Para reflexão
  1. Conhece algum caso parecido? Conte.
  2. Qual a atitude que o pai de Beth devia adotar?
  3. Como reagir quando os filhos ou filhas começam a namorar muito cedo?
  4. Você acha conveniente proibir seu filho ou filha de namorar?
     Em que circunstâncias? Por quê?

3 — Leitura bíblica (Mateus 25,1-13)

4 — Tempo de silêncio e reflexão
  1. As virgens representam as almas cristãs à espera do seu esposo, Cristo. Ainda que ele tarda, a lâmpada da sua vigilância deve estar preparada.
  2. Você fala a seus filhos sobre o sentido do matrimônio cristão?

5 — Oração ou canto

Quadragésima Reunião:
SERVIÇO A CRISTO NA IGREJA

1 — Fatos da vida

O Brasil tem professores, médicos, engenheiros e até físicos nucleares aqui nascidos. Por que os padres e religiosos têm de vir do estrangeiro? A Igreja está plenamente implantada num país, quando bispos e padres saem das comunidades cristãs do país.

José Carlos declarou a um padre amigo:

— Para ser franco, eu tenho medo de que um dos meus filhos queira ser padre. Por isso, nunca lhes falei em tal possibilidade.

Foi um escândalo quando Ivanete, uma moça alegre e festeira, resolveu seguir a vida religiosa.

2 — Para reflexão

1. Por que são poucos os que aceitam servir totalmente a Cristo como sacerdotes ou irmãs?
2. Já falamos a nossos filhos e filhas sobre a hipótese de uma consagração ao serviço da comunidade cristã?
3. Como reagiria se um filho seu manifestasse o desejo de ser sacerdote ou religiosa?

3 — Leitura bíblica (Mateus 19,16-30)

4 — Tempo de silêncio e reflexão

1. Ser padre, religioso ou religiosa, significa colocar a sua vida em função do Reino de Deus. O que isso significa? Isso é uma exigência somente para padres e freiras?

2. O que significa trabalhar para a construção do Reino de Deus? O que significa servir a Deus e dar a existência pelos outros, especialmente pelos mais pobres?

5 — *Oração ou canto*

Quadragésima Primeira Reunião:
FUTURO DOS FILHOS

1 — Fatos da vida
Silvério, fazendeiro rico, quando soube que seu filho queria ser médico, fez aquela bronca. Ele sempre tinha pensado que seu filho devia ser advogado. Sonhara com um futuro político para seu filho e ele mostra-se cada vez mais desinteressado de política.
Ana Rosa adorava crianças, aulas... Sua mãe, porém, achava isso tudo uma humilhação...

2 — Para reflexão
1. Você sabe respeitar as legítimas inclinações de seus filhos?
2. Em sua opinião, qual a atitude que os pais deveriam adotar em relação à escolha profissional de seus filhos?
3. Que critérios devem ser adotados na escolha do futuro?
Vantagens econômicas, serviço à comunidade, gostos pessoais, imposição dos pais?

3 — Leitura bíblica (Mateus 25,14-30)

4 — Tempo de silêncio e reflexão
1. Esta passagem evangélica fala da vigilância cristã. Esta vigilância se traduz num trabalho em que conseguimos que a vida, a nossa vida, frutifique.

Oferecemos condições a nossos filhos para que eles possam desenvolver e frutificar os talentos recebidos de Deus?
2. Ensinamos nossos filhos a agradecer os dons recebidos? Ensinamos a eles o valor do trabalho, da perseverança, da alegria em servir, colocando a serviço de todos o que receberam de Deus?

5 — Oração ou canto

Quadragésima Segunda Reunião:
FILHOS ADOTIVOS

1 — Fatos da vida

Élcio e Tabita não tinham filhos. A vida parecia-lhes vazia e sem sentido. Adotaram primeiro Luciano, um bebê de poucos dias. Dois anos mais tarde, adotaram Karla, encontrada dentro de um saco plástico, que sua mãe havia jogado fora. Agora a vida, para eles, ganhou novas cores. Sentem-se felizes e realizados.

Narciso e Júnia tinham cinco filhos. Aí morreu Dona Maria, uma velha vizinha que morava sozinha com um netinho de sete anos. Eles resolveram criar o menino. Isso lhes trouxe muitos problemas. Ele está com dez anos. Briga com os filhos do casal. É travesso e revoltado. Não quer estudar...

2 — Para reflexão
1. Conhece algum caso parecido com o de Élcio e Tabita?
   Conte.
2. Donde podem advir as dificuldades encontradas pelo segundo casal?
3. Às vezes, fala-se em adotar uma criança, mas o que se pretende é ganhar uma empregada gratuita.
   Concorda?

3 — Leitura bíblica (Efésios 2,12-22)

4 — Tempo de silêncio e reflexão
1. Foi a cruz de Cristo que reconciliou os homens entre si. Todos somos filhos de um mesmo Pai que é Deus.

O que Jesus faria em nosso lugar se ele se encontrasse diante de uma criança abandonada, sem lar?
2. À luz deste trecho da Bíblia, qual deveria ser a atitude do casal cristão, ao adotar uma criança?

5 — *Oração ou canto*

Quadragésima Terceira Reunião:
EDUCAÇÃO RELIGIOSA DOS FILHOS

1 — Fatos da vida

Isidoro e Fátima batizaram seus filhos. Preocuparam-se com a Primeira Comunhão no grupo escolar. Mas eles mesmos não evoluíram na sua visão religiosa. Não aprofundaram a sua formação religiosa. Rezam diante dos santos "fortes". Fátima tem muita fé em certas orações, cujas cópias devem ser passadas adiante, sem interrupção, sob pena de castigos terríveis. Faz promessas que depois tem muita dificuldade em cumprir.

Os filhos agora não querem nada com a Igreja. Só conhecem aquele tipo de prática e acham isso tudo alienante e obscurantista.

2 — Para reflexão
 1. Procuramos aprofundar a nossa formação religiosa e explicamos a Bíblia a nossos filhos?
 2. Qual é sua opinião sobre novenas, rezas fortes, promessas e correntes de oração?
 3. Que dificuldades temos encontrado na formação religiosa de nossos filhos?

3 — Leitura bíblica (Colossenses 3,16-17)

4 — Tempo de silêncio e reflexão
 1. Nosso modo de agir e pensar está de acordo com as exigências da Palavra de Deus?
 2. Nossa vivência cristã serve de testemunho para nossos filhos? O que somos, pensamos e fazemos corresponde realmente àquilo que pregamos?

5 — Oração ou canto

Quadragésima Quarta Reunião:
PAIS E FILHOS

1 — Fatos da vida

"As relações entre pais e filhos podem realizar-se com ternura e compreensão, diplomacia e firmeza: quando isto acontece, ter-se-á muita possibilidade de encontrar filhos calmos, equilibrados e mentalmente sadios.

Mas quando há brutalidade, inquietude, relaxamento, incompreensão e impaciência por parte dos pais, estes não se devem admirar se os seus filhos são malcriados, irriquietos, coléricos, impossíveis, rebeldes, medrosos, mentirosos, quando não chegam à delinquência" (PIERRE WEILL, *Relações Humanas na Família e no Trabalho*, p. 161).

2 — Para reflexão
1. Você conhece algum caso em que se confirmam as palavras desse Autor?
2. Já pensou que a causa de atitudes estranhas em seus filhos pode estar em você?
3. O que julga mais importante para ganhar a confiança de seus filhos e dar-lhes segurança psicológica e emocional?
4. Costumamos discutir e brigar na presença dos filhos?

3 — Leitura bíblica (Colossenses 3,5-15)

4 — Tempo de silêncio e reflexão
1. O que pretende de nós, casais cristãos, esta palavra de Deus, lida hoje neste encontro?
2. Há sinceridade, franqueza, diálogo, confiança, entre nós e nossos filhos?

5 — Oração ou canto

Apêndice 1

DOCUMENTO DE PUEBLA

A FAMÍLIA

Situação da família na América Latina

571 A família é uma das instituições em que mais influiu o processo de mudança dos últimos tempos. A Igreja tem consciência — nos recordou o Papa — de que na família "repercutem os frutos mais negativos do subdesenvolvimento: índices verdadeiramente deprimentes de insalubridade, pobreza e até miséria, ignorância e analfabetismo, condições desumanas de moradia, subalimentação crônica e tantas outras realidades não menos confrangedoras" (João Paulo II, *Homilia Puebla*, 3-AAS, LXXI, p. 184).

572 Além disso, é preciso reconhecer que a realidade da família já não é uniforme, pois em cada família influem de maneira diversa — independentemente da classe social — fatores sujeitos a mudanças, como sejam: fatores sociológicos (injustiça social, principalmente), culturais (qualidade de vida), políticos (dominação e manipulação), econômicos (salários, desemprego, pluriemprego), religiosos (influência secularista) entre tantos outros.

573 A família apresenta-se outrossim como vítima dos que convertem em ídolos o poder, a riqueza e o sexo. Para isto contribuem as estruturas injustas,

sobretudo os meios de comunicação, não só com suas mensagens de sexo, lucro, violência, poder, ostentação, mas também pondo em destaque elementos que contribuem para propagar o divórcio, a infidelidade conjugal e o aborto ou a aceitação do amor livre e das relações pré-matrimoniais.

574 Não poucas vezes, a desorientação das consciências se deve à falta de unidade de critério entre sacerdotes, na aceitação e aplicação da doutrina pontifícia acerca de importantes aspectos da moral familiar e social.

575 A família rural e suburbana sofrem particularmente os efeitos dos compromissos internacionais dos governos, no que respeita o planejamento familiar, traduzidos em imposição antinatalista e experiências que não levam em consideração a dignidade da pessoa nem o autêntico desenvolvimento dos povos.

576 Nesses setores populares, a situação de desemprego crônica e generalizada afeta a estabilidade familiar, já que a necessidade de trabalho força à emigração, ao absenteísmo dos pais, à dispersão dos filhos.

577 Em todos os níveis sociais, a família também sofre o impacto deletério da pornografia, do alcoolismo, das drogas, da prostituição e tráfico de brancas, assim como o problema das mães solteiras e das crianças abandonadas. Diante do fracasso dos anticoncepcionais químicos e mecânicos, passou-se à esterilização humana e ao aborto provocado em cuja propaganda se lança mão de campanhas insidiosas.

578 Urge um acendrado esforço pastoral para evitar os males provenientes da falta de educação no amor, da falta de preparação para o matrimônio, do descuido na evangelização da família e na formação dos esposos para a paternidade responsável. Além disso, não podemos ignorar que grande número de

famílias do nosso continente não recebeu o sacramento do matrimónio. Não obstante, muitas famílias dessas vivem em certa unidade, fidelidade e responsabilidade. Tal situação desperta interrogações teológicas e exige um adequado acompanhamento pastoral.

579 Pelo contrário, é satisfatório verificar que são cada dia mais numerosos os cristãos que procuram viver sua fé dentro do ambiente familiar e a partir dele, dando um valioso testemunho evangélico e educando outrossim com dignidade uma família razoavelmente numerosa. Não poucos são também os noivos que se preparam com seriedade para o matrimónio e tratam de dar a celebração deste um sentido verdadeiramente cristão. Nota-se também o empenho em revigorar a pastoral familiar e adaptá-la aos desafios e circunstâncias da vida moderna.

580 Em todos os países têm surgido iniciativas dignas de nota, orientadas a fortalecer os valores e a espiritualidade da família como Igreja doméstica, numa participação e compromisso com a Igreja particular. Nisso tudo revela-se o fruto da ação silenciosa e constante dos movimentos cristãos em prol da família.

581 Em toda a América, é dado visitar "casas onde não faltam o pão e o bem-estar, mas talvez faltem a concórdia e a alegria; casas onde as famílias vivem antes modestamente e na insegurança do futuro, ajudando-se mutuamente a levar uma existência difícil, porém digna; habitações pobres das periferias de nossas cidades, onde há muito sofrimento escondido, embora exista dentro delas a singela alegria dos pobres; humildes choças de camponeses, de indígenas, de emigrantes etc." (João Paulo II, *Homilia Puebla,* 4-AAS, LXXI, p. 186). Concluiremos frisando que os mesmos fatos que acusam a

desintegração da família "acabam pondo em destaque, de diversas maneiras, a índole autêntica dessa instituição" (GS 47) — "que não foi abolida nem pela sanção do pecado original, nem pelo castigo do dilúvio" (Liturgia do Matrimônio), mas continua sofrendo os efeitos da dureza do coração humano.

Reflexão teológica sobre a família

582 A família é imagem de Deus, que "no mais íntimo do seu mistério não é uma solidão, mas uma família" (João Paulo II, *Homilia Puebla*, 2-AAS, LXXI, p. 184). É uma aliança de pessoas, à qual se chega por vocação amorosa do Pai, que convida os esposos a uma "íntima comunidade de vida e de amor" (GS 48), cujo modelo é o amor de Cristo por sua Igreja. A lei do amor conjugal é comunhão e participação, não dominação. É uma exclusiva, irrevogável e fecunda entrega à pessoa amada, sem perder a própria identidade. Um amor assim compreendido em sua rica realidade sacramental, é mais do que um contrato; possui as características da aliança.

583 O casal santificado pelo sacramento do matrimônio é um testemunho da presença pascal do Senhor. A família cristã cultiva o espírito de amor e serviço. Quatro relações fundamentais da pessoa encontram seu pleno desenvolvimento na vida da família: paternidade, filiação, irmandade, nupcialidade. Essas mesmas relações compõem a vida da Igreja: experiência de Deus como Pai, experiência de Cristo como irmão, experiência de filhos em, com e pelo Filho, experiência de Cristo como esposo da Igreja. A vida em família reproduz essas quatro experiências fundamentais e as compartilha em miniatura: são quatro facetas do amor humano.

584 Cristo, ao nascer, assumiu, a condição das crianças: nasceu pobre e sujeito a seus pais. Toda criança — imagem de Jesus que nasce — deve ser acolhida com carinho e bondade. Ao transmitir a vida a um filho, o amor conjugal produz uma pessoa nova, singular, única e irrepetível. Neste momento começa para os pais o ministério da evangelização. Nisso devem eles fundar sua paternidade responsável: nas circunstâncias sociais, econômicas, culturais, demográficas em que vivemos, estariam os esposos capacitados para educar e evangelizar em nome de Cristo mais um filho? A resposta dos pais sensatos será fruto do reto discernimento e não da opinião estranha de pessoas, da moda, ou dos impulsos. Desta sorte, o instinto e o capricho cederão lugar à disciplina consciente e livre da sexualidade, por amor a Cristo, cujo rosto transparece no rosto da criança que se deseja e se traz livremente à vida.

585 A lenta e prazeirosa educação da família sempre importa em sacrifício, recordação da cruz redentora. Mas a íntima felicidade que dá aos pais, recorda-lhes também a ressurreição. Neste espírito de páscoa, evangelizam os pais a seus filhos e são por eles evangelizados. O reconhecimento das faltas e a sincera manifestação do perdão são elementos de conversão permanente e de permanente ressurreição. O ambiente de páscoa floresce em toda a vida cristã e se converte em profetismo, em contato com a divina Palavra. Mas evangelizar não é só ler a Bíblia, mas, a partir dela, trocar palavras de admiração, consolo, correção, luz, segurança.

586 A estabilidade nas relações entre pais e filhos é contagiante. Quando as demais famílias veem como eles se amam, nasce o desejo e a prática dum amor que une as famílias entre si, como sinal da unidade do

gênero humano. Cresce ali a Igreja mediante a integração das famílias pelo batismo que a todos torna irmãos. Onde a catequese robustece a fé, todos se enriquecem pelo testemunho das virtudes cristãs. Um sadio ambiente de união de famílias é lugar ímpar de se nutrirem e fortalecerem física e mentalmente os filhos em seus primeiros anos. Ali, os pais são mestres, catequistas e os primeiros ministros da oração e do culto a Deus. Renova-se a imagem de Nazaré: "Jesus crescia em sabedoria, tamanho e graça diante de Deus e dos homens" (Lc 2,52).

587 A sociedade, para que funcione, requer as mesmas exigências do lar: formar pessoas conscientes, unidas em comunidade de fraternidade para fomentar o desenvolvimento comum. A oração, o trabalho e a atividade educadora da família, como célula social, devem pois orientar-se a trocar as estruturas injustas pela comunhão e participação entre os homens e pela celebração da fé na vida cotidiana. "Na interpelação recíproca que se estabelece no decorrer dos tempos entre o Evangelho e a vida concreta pessoal e social" (EN 29), a família sabe ler e viver a mensagem explícita sobre os direitos e deveres da vida familiar. Por isso, denuncia e anuncia, compromete-se na transformação do mundo em sentido cristão e contribui para o progresso, a vida comunitária, o exercício da justiça distributiva, a paz.

588 Na eucaristia, a família encontra sua plenitude de comunhão e participação. Prepara-se para ela pelo desejo e busca do Reino, purificando a alma de tudo o que aparta de Deus. Em atitude de ofertório, exerce o sacerdócio comum e participa da eucaristia, para prolongá-la na vida pelo diálogo em que partilha a palavra, as preocupações, os planos, aprofundando-se com isto a comunhão familiar. Viver a eucaristia é reconhecer e compartilhar os

dons que, por Cristo, recebemos do Espírito Santo. É aceitar a acolhida que os outros nos oferecem e deixá-los que entrem em nós mesmos. Com isso, ressurge o espírito da aliança: deixar que Deus entre em nossa vida e dela se sirva segundo sua vontade. Surge, então, no centro da vida familiar, a imagem forte e suave de Cristo, morto e ressuscitado.

589 Surge daí a missão da família. Esta Igreja doméstica, convertida pela força libertadora do Evangelho em "escola do mais rico humanismo" (GS 52), sabendo-se peregrina com Cristo e comprometida com Ele no serviço da Igreja particular, lança-se rumo ao futuro, disposta a superar as falácias do racionalismo e da sabedoria mundana que desorientam o homem moderno. Percebendo a realidade e atuando sobre ela, como Deus a vê e governa, busca maior fidelidade ao Senhor, para não adorar ídolos, e sim ao Deus vivo do amor.

Apêndice 2

VISÃO SOCIOCULTURAL
DA REALIDADE LATINO-AMERICANA

A Igreja da AL tem procurado ajudar o homem "a passar de situações menos humanas a mais humanas" (PP 20). Tem-se esforçado por convocar as pessoas para uma contínua conversão individual e social. Pede que todos os cristãos colaborem na transformação das estruturas injustas, comuniquem valores cristãos à cultura global em que estão inseridos, e, conscientes dos resultados já obtidos, se animem a continuar trabalhando pelo seu aperfeiçoamento.

Enumeramos, cem alegria, alguns dados que nos enchem de esperança:

17 — O homem latino-americano tem uma tendência inata a acolher as pessoas; a partilhar o que tem, a viver a caridade fraterna e o desprendimento (sobretudo no meio dos pobres); a compadecer-se do sofrimento alheio. Valoriza muito os vínculos especiais da amizade oriundos do apadrinhamento, e preza não menos a família e as relações que estabelece.

18 — Tomou consciência mais clara da própria dignidade, do seu desejo de participação política e social, embora estes direitos estejam espezinhados em muitos lugares. Proliferam as organizações comunitárias, como movimentos cooperativistas e outros, sobretudo nos meios populares.

19 — Existe um interesse crescente pelos valores autóctones e pelo respeito à originalidade das culturas indígenas e de suas comunidades. Além disto há um profundo amor à terra.

20 — Nosso povo é jovem, e, onde tem tido oportunidades de habilitar-se e organizar-se, tem revelado surpreendente capacidade de se promover e de consolidar suas justas reivindicações.

21 — O significativo progresso econômico que nosso continente alcançou demonstra que seria possível erradicar a extrema pobreza e melhorar a qualidade de vida do nosso povo; ora, se existe a possibilidade, existe, consequentemente, a obrigação.

22 Nota-se um certo crescimento da classe média, embora em determinados lugares ela tenha sofrido alguma deterioração.

23 São claros os progressos no setor da educação.

24 Entretanto, nos múltiplos encontros pastorais com nosso povo, percebemos também — como o Santo Padre João Paulo II em seus contatos com camponeses, operários e estudantes — o seu profundo clamor cheio de angústias, esperanças e aspirações ao qual queremos fazer eco: deste modo seremos a grande "voz de quem não pode falar ou de quem é silenciado" (*Alocução Oaxaca* 5 AAS LXXI p. 208).

Compartilhar as angústias

27 Preocupam-nos as angústias de todos os membros do povo, qualquer que seja a sua condição social: sua solidão, seus problemas familiares, a falta de sentido que não poucos veem na vida. E mais especialmente queremos, hoje, compartilhar as angústias que nascem de sua pobreza.

28 Vemos, à luz da fé, como um escândalo e uma contradição com o ser cristão, a brecha crescente entre ricos e pobres. O luxo de alguns poucos converte-se em insulto contra a miséria das grandes massas. Isto é contrário ao plano do Criador e à honra que lhe é devida. Nesta angústia e dor, a Igreja discerne uma situação de pecado social, cuja gravidade é tanto maior quanto se dá em países que se dizem católicos e que têm a capacidade de mudar: "que se derrubem as barreiras da exploração... contra as quais se estraçalham seus maiores esforços de promoção" (João Paulo II, *Alocução Oaxaca* 5 AAS LXXI p. 209).

29 Comprovamos, pois, como o mais devastador e humilhante flagelo a situação de pobreza desumana em que vivem milhões de latino-americanos e que se exprime, por exemplo, em mortalidade infantil, em falta de moradia adequada, em problemas de saúde, salários de fome, desemprego e subemprego, desnutrição, instabilidade no trabalho, migrações maciças, forçadas e sem proteção.

30 Ao analisar mais a fundo tal situação, descobrimos que esta pobreza não é uma etapa casual, mas sim o produto de determinadas situações e estruturas econômicas, sociais e políticas, embora haja também outras causas da miséria. A situação interna de nossos países encontra, em muitos casos, sua origem e apoio em mecanismos que, por estarem impregnados não de autêntico humanismo, mas de materialismo, produzem, em nível internacional, ricos cada vez mais ricos às custas de pobres cada vez mais pobres. Esta realidade exige, portanto, conversão pessoal e transformações profundas das estruturas que correspondam às legítimas aspirações do povo a uma verdadeira justiça social; tais mudanças ou não se deram ou têm sido demasiado lentas na experiência da AL.

31 Esta situação de extrema pobreza generalizada adquire, na vida real, feições concretíssimas, nas quais deveríamos reconhecer as feições sofredoras de Cristo, o Senhor (que nos questiona e interpela):

32 — feições de crianças, golpeadas pela pobreza ainda antes de nascer, impedidas que estão de realizar-se, por causa de deficiências mentais e corporais irreparáveis, que as acompanharão por toda a vida; crianças abandonadas e muitas vezes exploradas de nossas cidades, resultado da pobreza e da desorganização moral da família;

33 — feições de jovens, desorientados por não encontrarem seu lugar na sociedade e frustrados, sobretudo nas zonas rurais e urbanas marginalizadas, por falta de oportunidades de capacitação e de ocupação;

34 — feições de indígenas e, com frequência, também de afro-americanos, que, vivendo segregados e em situações desumanas, podem ser considerados como os mais pobres dentre os pobres;

35 — feições de camponeses, que, como grupo social, vivem relegados em quase todo o nosso continente, sem terra, em situação de dependência interna e externa, submetidos a sistemas de comércio que os enganam e os exploram;

36 — feições de operários, com frequência mal remunerados, que têm dificuldade de se organizar e defender os próprios direitos;

37 — feições de subempregados e desempregados, despedidos pelas duras exigências das crises econômicas e, muitas vezes, de modelos desenvolvimentistas que submetem os trabalhadores e suas famílias a frios cálculos econômicos;

38 — feições de marginalizados e amontoados das nossas cidades, sofrendo o duplo impacto da carência dos bens materiais e da ostentação da riqueza de outros setores sociais;

39 — feições de anciãos cada dia mais numerosos, frequentemente postos à margem da sociedade do progresso, que prescinde das pessoas que não produzem.

40 Compartilhamos com nosso povo de outras angústias que brotam da falta de respeito à sua dignidade de ser humano, imagem e semelhança do Criador e a seus direitos inalienáveis de filhos de Deus.

41 Países como os nossos, onde com frequência não se respeitam os direitos humanos fundamentais — vida, saúde, educação, moradia, trabalho...acham-se em situação de permanente violação da dignidade da pessoa humana.

49 As ideologias da Segurança Nacional têm contribuído para fortalecer, em muitas ocasiões, o caráter totalitário ou autoritário dos regimes de força e alimentado o abuso do poder e da violação dos direitos humanos. Há casos em que pretendem proteger suas atitudes com uma profissão de fé cristã, que é, contudo, subjetiva.

50 Os tempos de crise econômica que nossos países estão vivendo (não obstante a tendência para a modernização) com forte crescimento da economia, mas enfrentando menor ou maior dureza, aumentam as angústias de nossos povos. Entretanto, uma tecnocracia gélida aplica modelos de desenvolvimento que exigem dos setores mais pobres um custo social realmente desumano, tanto mais injusto quanto não é compartilhado por todos.

Aspectos culturais

54 Compartilhamos, pois, com o nosso povo, as angústias causadas pela inversão de valores que está na raiz de muitos dos males acima mencionados, a saber:

55 — o materialismo individualista, valor supremo de muitos homens de hoje, que atenta contra a comunhão e a participação, impedindo a solidariedade, e o materialismo coletivista que subordina a pessoa ao Estado;

56 — o consumismo, com sua ambição descontrolada de sempre se "ter mais", que vai afogando o homem contemporâneo num imanentismo que o fecha aos valores evangélicos do desprendimento e da austeridade, paralisando-o para a comunhão solidária e a participação fraterna;

57 — a deterioração dos valores básicos da família que desintegra a comunhão familiar, eliminando a participação corresponsável de todos os seus membros e tornando-os presa fácil do divórcio e do abandono do lar. Em alguns grupos culturais, a mulher encontra-se em condições de inferioridade;

58 — a degeneração da honradez pública e privada; as frustrações, o hedonismo que incita para os vícios: o jogo, as drogas, o alcoolismo, a devassidão.

60 A educação tem progredido muito nos últimos anos, tem aumentado a escolaridade, embora a deserção seja ainda considerável; tem diminuído o analfabetismo, ainda que não suficientemente nas regiões de população autóctone e camponesa.

61 Apesar deste progresso, há deformações e despersonalizações devidas à manipulação de grupos minoritários de poder, preocupados com assegurar seus próprios interesses e impor suas ideologias.

62 Os traços culturais que apresentamos sofrem a pesada influência dos meios de comunicação social. Através deles, os grupos de poder político, ideológico e econômico penetram de modo sutil no ambiente e no modo de viver do nosso povo. Há manipulação das informações por parte dos diversos poderes e grupos. Isto se concretiza de modo particular no caso da publicidade. Esta introduz falsas expectativas, cria necessidades fictícias e muitas vezes contradiz os valores fundamentais de nossa cultura latino-americana e do Evangelho. O uso indevido da liberdade nestes meios leva a invadir o campo da vida íntima das pessoas, geralmente indefesas. Estes meios penetram todas as áreas da vida humana (lar, centros de trabalho, lugares de lazer, praças) 24 horas por dia. Por outro lado, levam a uma mudança cultural que gera uma nova linguagem.

Raízes profundas destes fatos

63 Queremos indicar algumas das suas raízes mais profundas, para oferecer nossa contribuição e cooperar nas mudanças necessárias, a partir de uma perspectiva pastoral que perceba mais diretamente as exigências do povo:

64 a) A vigência de sistemas econômicos que não consideram o homem como centro da sociedade, nem realizam as profundas mudanças que se fazem necessárias, para a construção de uma sociedade justa.

65 b) A falta de integração entre as nossas nações que, entre outras consequências graves, tem esta igualmente: apresentamo-nos como entidades pequenas, sem peso de negociação, no conceito internacional.

66 c) O fato da nossa dependência econômica, tecnológica, política e cultural: a presença de grupos multinacionais que muitas vezes velam por seus próprios interesses à custa do bem do país que os acolhe; a perda do valor de nossas matérias-primas comparado com o preço dos produtos elaborados que adquirimos.

67 d) A corrida armamentista, o grande crime de nosso tempo, que é produto e causa de tensões entre países irmãos. Ela faz com que se destinem muitos recursos à compra de armas em vez de se empregarem na solução de problemas vitais.

68 e) A falta de reformas estruturais na agricultura, adaptadas a cada realidade e que enfrentem com decisão os graves problemas sociais e econômicos dos camponeses: o acesso à terra e aos meios que tornem possíveis a melhoria da produtividade e da comercialização.

69 f) A crise de valores morais: a corrupção pública e privada, a ganância do lucro desmedido, a venalidade, a falta de esforço, a carência de sentido social, de justiça vivida e solidariedade, a fuga de capitais e de cérebros... tudo isso enfraquece e até impede a comunhão com Deus e a fraternidade.

70 g) Finalmente, nós, como pastores, sem pretender determinar o caráter técnico destas raízes, vemos que no mais profundo delas há um mistério de pecado: a pessoa humana, convocada a dominar o mundo, impregna os mecanismos da sociedade de valores materialistas.

Apêndice 3

AÇÃO DA IGREJA EM FAVOR
DA PESSOA NA SOCIEDADE

Introdução

1254 João Paulo II lembrou-nos que a dignidade humana é um valor evangélico e o Sínodo de 1974 nos ensinou que a promoção da justiça é parte integrante da evangelização. Essa dignidade e esta promoção da justiça devem verificar-se tanto na ordem nacional como na internacional.

1255 Ao ocupar-nos da realidade da ordem nacional e internacional, fazemo-lo numa atitude de serviço, como pastores, e não de um ponto de vista econômico, político ou meramente sociológico. Esforçamo-nos para que haja entre os homens maior comunhão e participação nos bens de toda ordem que Deus nos outorgou.

1256 Por isso, queremos encarar a situação da dignidade da pessoa humana e da promoção da justiça em nossa realidade latino-americana, refletindo sobre a mesma à luz de nossa fé e dos princípios fundados na própria natureza humana, para encontrar critérios e serviços que nortearão nossa ação pastoral, hoje e no futuro próximo.

Critérios

1268 A realização da pessoa consegue-se graças ao exercício de seus direitos fundamentais, eficazmente reconhecidos, tutelados e promovidos. Por isso a Igreja, perita em humanidade, deve ser a voz daqueles que não têm voz (da pessoa, da comunidade perante a sociedade, das nações fracas perante as poderosas) cabendo-lhe uma ação de docência, denúncia e serviço em prol da comunhão e da participação.

1269 Em face da situação de pecado, surge por parte da Igreja o dever de denúncia, que deve ser objetiva, denodada e evangélica; que não intenta condenar, mas sim salvar o culpado e a vítima. Tal denúncia, feita após entendimento prévio entre os pastores, requer a solidariedade interna da Igreja e o exercício da colegialidade.

1270 A declaração dos direitos fundamentais da pessoa humana, hoje e no futuro, é e será parte indispensável de sua missão evangelizadora. A Igreja proclama, entre outros, a exigência de realização dos seguintes direitos:

1271 *Direitos individuais:* direito à vida (a nascer, à procriação responsável), à integridade física e psíquica, à proteção legal, à liberdade religiosa, à liberdade de opinião, à participação nos bens e serviços, a construir o próprio destino, ao acesso à propriedade e "outras formas de domínio privado sobre os bens exteriores" (GS 71).

1272 *Direitos sociais:* direito à educação, à associação, ao trabalho, à moradia, à saúde, ao lazer, ao desenvolvimento, ao bom governo, à liberdade e justiça social, à participação nas decisões que concernem ao povo e às nações.

1273 *Direitos emergentes:* direito à própria imagem, à boa fama, à privacidade, à informação e expressão objetivas, à objeção de consciência "contanto que não se violem as justas exigências da ordem pública" (DH 4), e a uma visão pessoal do mundo.

1274 Entretanto, a Igreja também ensina que o reconhecimento desses direitos supõe e exige sempre, "no homem que os possui, outros tantos deveres: uns e outros têm na lei natural que os confere ou impõe, sua origem, seu sustentáculo e sua força indestrutível" (PT 28).

Apêndice 4

A PALAVRA DE JOÃO PAULO II NO BRASIL

1   Esse serviço, tendo embora como objeto a realidade concreta, a tarefa concreta realizada em comum, é antes de tudo um serviço de formação das consciências: proclamar a lei moral e suas exigências, denunciar os erros e os atentados à lei moral, à dignidade do homem em que se baseia, esclarecer, convencer.

2   É o que observei no já citado discurso em Puebla: "Deve-se colocar particular cuidado na formação de uma consciência social em todos os níveis e em todos os setores. Quando aumentam as injustiças e cresce dolorosamente a distância entre pobres e ricos, a Doutrina Social, de uma forma criativa e aberta aos amplos campos de presença da Igreja, deve ser precioso instrumento de formação e ação" (Discurso inaugural, 3,7).

3   Em sua doutrina social, a Igreja não propõe um modelo político ou econômico concreto, mas indica o caminho, apresenta princípios. E o faz em função de sua missão evangelizadora, em função da mensagem evangélica que tem como objetivo o homem em sua dimensão escatológica, mas também no contexto concreto de sua situação histórica, contemporânea. Ela o faz porque acredita na dignidade do homem, criado à imagem de Deus: dignidade que é intrínseca a cada homem, a cada mulher, a cada criança, seja qual for o lugar que ocupe na sociedade.

4   Todo homem tem o direito de esperar que a sociedade respeite sua dignidade humana e lhe permita manter uma vida de acordo com esta dignidade. No

discurso que pronunciei perante a Organização dos Estados Americanos (OEA), no dia 7 de outubro do ano passado, propus o homem como o único critério que dá sentido e direção a todos os compromissos dos responsáveis pelo bem comum, seja ele um simples cidadão, ou alguém investido de poder.

5 Propus como critério o homem concreto, com estas palavras: "Quando se fala do direito à vida, à integridade física e moral, à alimentação, à habitação, à educação, à saúde, ao trabalho, à participação responsável na vida da nação, fala-se da pessoa humana. É esta pessoa humana que se encontra frequentemente ameaçada e faminta, sem casa e sem trabalho decentes, sem aceiso ao patrimônio cultural de seu povo ou da humanidade e sem voz para fazer ouvir suas angústias. É preciso dar uma vida nova à grande causa do desenvolvimento integral e devem fazê-lo exatamente aqueles que, de uma maneira ou de outra, já gozam destes bens; e que devem se pôr a serviço de todos aqueles — e são tão numerosos em vosso continente! — que estão privados destes mesmos bens em uma medida por vezes dramática" (Discurso à OEA, 6 de outubro de 1979, 5).

6 Colocar o homem no centro de toda atividade social, portanto, quer dizer sentir-se preocupado por tudo aquilo que é injustiça, porque ofende a sua dignidade. Adotar o homem como critério quer dizer comprometer-se na transformação de toda situação e realidade injustas, para torná-las elementos de uma sociedade justa.

7 Esta foi a mensagem que dirigi às Autoridades deste País; esta a mensagem que apresentei aos trabalhadores de São Paulo. Esta é também a mensagem que vos apresento hoje, a vós construtores da sociedade que me ouvis aqui, em São Salvador da Bahia!

8 Toda sociedade, se não quiser ser destruída a partir de dentro, deve estabelecer uma ordem social justa. Este apelo não é uma justificação da luta de classes — pois a luta de classes é destinada à esterilidade e à destruição — mas é um apelo à luta nobre em prol da justiça social na sociedade inteira!

9 Vós todos, que vos chamais os construtores da sociedade, tendes nas mãos um certo poder, por causa de vossas posições, de vossas situações e de vossas atividades. Empregai-o a serviço da justiça social. Rejeitai o raciocínio inspirado pelo egoísmo coletivo de um grupo, de uma classe ou baseado na motivação do proveito material unilateral. Recusai a violência como meio de resolver os problemas da sociedade, pois a violência é contra a vida, é destruidora do homem. Vosso poder, seja ele político, econômico ou cultural, aplicai-o a serviço da solidariedade que abrange todo o homem, e, em primeiro lugar, aqueles que são os mais necessitados, e cujos direitos são mais frequentemente violados. Colocai-vos do lado dos pobres, coerentes com o ensinamento da Igreja, do lado de todos os que são, de alguma maneira, os mais desprovidos dos bens espirituais ou materiais, dos quais eles têm direito.

10 "Bem-aventurados os pobres em espírito" (Mt 5,3). Bem-aventurados os que na carência sabem salvaguardar sua dignidade humana; mas bem-aventurados também aqueles que não se deixam possuir por seus bens, que não permitem que o seu sentido de justiça social seja sufocado pelo apego às suas posses. Verdadeiramente bem-aventurados os pobres em espírito!

11 Propondo-vos esta mensagem de justiça e de amor, a Igreja é fiel à sua missão e tem a consciência de servir ao bem da sociedade. Ela não considera que seja tarefa sua entrar nas atividades políticas, mas ela

sabe que está a serviço do bem da humanidade. A Igreja não combate o poder, mas proclama que é para o bem da sociedade e para a salvaguarda de sua soberania, que o poder é necessário; e só isso o justifica. A Igreja está convencida de que é seu direito e seu dever promover uma pastoral social, isto é, exercer uma influência, através dos meios que lhe são próprios, para que a vida da sociedade se torne mais justa, graças à ação conjunta, decidida mas sempre pacífica, de todos os cidadãos.

12 Dirijo-me portanto a todos aqueles que são, em algum setor da sociedade, construtores desta mesma sociedade e aos quais chega minha palavra — palavra da Igreja — aqui em Salvador ou em qualquer parte do Brasil.

13 A vós, principalmente, que tendes responsabilidades especiais por vossa posição e poder de decisão.

14 A vós líderes e militares políticos, quero recordar que o ato político por excelência é ser coerente com uma vocação moral e fiel a uma consciência ética que, para além dos interesses pessoais ou de grupos, visa a totalidade do bem comum de todos os cidadãos.

15 A vós, educadores, que tendes a função de explicitar, junto aos jovens e em diálogo com eles, os valores com os quais se tornarão por sua vez construtores da sociedade, peço que assenteis a vossa atividade sobre fundamentos sólidos e inculqueis nos jovens o senso da dignidade da pessoa humana.

16 A vós, empregadores, comerciantes e industriais, eu vos exorto a incluir nos vossos planos e projetos o homem em primeiro lugar, este homem que, por seu trabalho e pelo produto dos seus braços e da sua inteligência, é construtor da sociedade, primeiro da própria família e depois, das comunidades mais

amplas. Não vos esqueçais de que todo homem tem direito ao trabalho, não só no meio urbano e nas grandes concentrações industriais, mas também no meio rural.

17 A vós, homens de ciência, a vós, técnicos, tenho o dever de lembrar: a ética tem sempre a primazia sobre a técnica e o homem sobre as coisas.

18 A vós, trabalhadores, devo dizer: a construção da sociedade não é tarefa só daqueles que controlam a economia, a indústria ou a agricultura. É também com o vosso suor que construís a sociedade, para os vossos filhos e para o futuro. Se tendes o direito de dizer a vossa palavra sobre a atividade econômica e industrial, tendes também o dever de orientá-la segundo as exigências da lei moral, que é justiça, dignidade e amor.

19 A vós, especialistas em comunicação, o meu pedido: não acorrenteis a alma das massas com o poder que tendes, filtrando as informações, promovendo exclusivamente a sociedade da abundância, acessível apenas a uma minoria. Fazei-vos antes os porta-vozes do homem, de suas legítimas exigências e de sua dignidade. Sede instrumentos de justiça, de verdade e de amor. Defender o que é humano é permitir ao homem o acesso à plena verdade.

20 Sim, irmãos e irmãs, construir a sociedade é antes de tudo tomar consciência, não no sentido exclusivo de tomar conhecimento dos resultados de uma certa análise da situação e dos males da sociedade, mas na plena acepção da palavra, isto é, formar a própria consciência segundo as exigências da lei de Deus, da mensagem de Cristo sobre o homem, da dimensão ética de toda empresa humana.

21 Construir a sociedade é comprometer-se, tomar o partido da consciência, dos princípios da justiça, da

fraternidade, do amor, contra os intentos do egoísmo, que mata a solidariedade, e do ódio, que destrói.

22 Construir a sociedade é ultrapassar as fronteiras, as divisões, as oposições, para trabalhar juntos. O homem tem em si a abertura para o outro. E Cristo nos interpela de modo contundente: "Quem é o meu próximo?". Nenhuma obra durável e verdadeiramente humana é possível se não é feita por todos, na colaboração de todas as forças vivas da sociedade, no intercâmbio entre todos os homens e mulheres sem distinção de posição social ou de situação econômica.

23 Construir a sociedade é, enfim, converter-se continuamente, rever as próprias atitudes, para detectar os preconceitos estéreis e descobrir os próprios erros, a fim de se abrir aos imperativos de uma consciência formada à luz da dignidade de cada pessoa humana, tal como foi revelada e confirmada por Jesus Cristo. É abrir o coração e o espírito para que a justiça, o amor e o respeito à dignidade e aos destinos do homem penetrem no pensamento e inspirem a atuação.

24 Para a construção de um mundo à medida do homem, a Igreja, "perita em humanidade", oferece a própria colaboração. Mas também solicita a vossa, plena, sincera, generosa, sem segundas intenções. Depende de vós todos e de cada um que o futuro do Brasil seja um futuro de paz, que a sociedade brasileira seja uma convivência na justiça. Creio que é chegada a hora de todo homem e toda mulher deste imenso país tomar uma resolução e empenhar decididamente as riquezas do próprio talento e da própria consciência para dar à vida da nação uma base que há de garantir um desenvolvimento das realidades e estruturas sociais na justiça. Alguém que reflete sobre a realidade da América Latina, tal como se apresenta na hora atual, é levado a concordar com a afirmação de que a reali-

zação da justiça neste Continente está diante de um claro dilema: ou se faz através de reformas profundas e corajosas, segundo principios que exprimem a supremacia da dignidade humana, ou se faz — mas sem resultado duradouro e sem benefício para o homem, disto estou convencido — pelas forças da violência. Cada um de vós deve sentir-se interpelado por este dilema. Cada um de vós deve fazer a sua escolha nesta hora histórica.

25 Irmãos e irmãs. Meus amigos! Não tenhais medo de olhar para a frente, de caminhar para a frente, rumo ao ano 2000! Um mundo novo deve surgir, em nome de Deus e do homem! Não recueis! A Igreja espera muito de vós. "Queres, junto comigo, construir o mundo, elevá-lo, torná-lo melhor e mais digno de ti e de teus irmãos, que são os *meus* irmãos?" Não frustreis a expectativa de Cristo! Não desiludais as esperanças do homem vosso contemporâneo! Neste esforço imane, mas estupendo, sabei que o Papa e toda a Igreja está convosco, reza por vós, vos traz no coração e, em nome de Cristo, vos abençoa.

26 Dizia que aproximando-me de vocês eu encontro pessoas humanas: seres que possuem uma inteligência sedenta de verdade e uma vontade que deseja o amor, filhos de Deus, almas redimidas por Cristo, e portanto seres ricos de uma dignidade que ninguém pode machucar sem ferir o próprio Deus. Assim, vocês apreciam, certamente, quem lhes dá conforto, alento, coragem e esperança; quem os ajuda a crescer e desenvolver-se em sua capacidade de pessoas humanas e a superar os obstáculos à própria promoção; quem os ajuda a amar em um mundo de ódio e a ser solidários em um mundo terrivelmente egoísta. Mas é claro que vocês têm consciência de não serem somente objeto de benemerencias, mas pessoas ativas na construção

do próprio destino e da própria vida. Queira Deus que sejamos muitos a oferecer a vocês uma colaboração desinteressada para que se libertem de tudo quanto de certo modo os escraviza, mas em pleno respeito àquilo que vocês são, em pleno respeito ao seu direito de serem os primeiros autores da própria promoção humana. Minha maior alegria foi a de saber, de várias fontes, que há em vocês, entre outras, duas grandes qualidades: vocês têm, graças a Deus, o sentido de família, e vocês possuem um grande senso de solidariedade para se ajudarem uns aos outros, quando é preciso. Continuem a cultivar esses bons sentimentos, a ser muitos amigos de todos, mesmo daqueles que, por qualquer motivo, parece que lhes fecham o coração. Vocês sejam corações sempre abertos!

27 Vejam: só o amor conta — não é demais repetir isso — só o amor constrói. Vocês têm de lutar pela vida, fazerem tudo para melhorar as próprias condições em que vivem, é um dever sagrado, porque essa é também a vontade de Deus. Não digam que é vontade de Deus que vocês fiquem numa situação de pobreza, doença, má habitação que contraria, muitas vezes, a sua dignidade de pessoas humanas. Não digam: "É Deus quem quer". Sei que isso não depende só de vocês. Não ignoro que muita coisa deverá ser feita por outros para acabar com as más condições que afligem vocês ou para melhorá-las. Mas vocês é que têm de ser sempre os primeiros no tornar melhor a própria vida em todos os aspectos. Desejar superar as más condições, dar as mãos uns aos outros para juntos buscar melhores dias, não esperar tudo de fora, mas começar a fazer todo o possível, procurar instruir-se para ter mais possibilidades de melhoria: estes são alguns passos importantes na caminhada de vocês.

SUGESTÃO DE LEITURA
Publicações da PAULUS sobre a família:

- *Para ser feliz no amor,* Maria Regina Canhos Vicentin
- *Construir o matrimônio na pós-modernidade: Novas estratégias construtivas e interativas para a convivência matrimonial,* Christiane E. Blank
- *Viver em família: O ofício de ser pai e mãe,* Bernabé Tierno
- *A psicologia da criança e seu desenvolvimento - de 0 a 8 anos,* Bernabé Tierno
- *A psicologia dos jovens e dos adolescentes - de 9 a 20 anos,* Bernabé Tierno
- *Crescer no amor sem perder a paixão,* Christiane E. Blank
- *Atitudes positivas, sempre! Educação em família,* Brigitte Pujos
- *Para o amor dar certo,* Christiane Blank e Renold Blank
- *Criança autômata ou autônoma?,* Diane Daniel
- *Paternidade, maternidade e responsabilidade: sugestões práticas,* François Dumesnil
- *Pais melhores em cinco momentos,* Luis Mesa
- *Aprendendo a responsabilizar nossos filhos,* Germain Duclos e Martin Duclos
- *Aprendendo a dominar a hiperatividade e o déficit de atenção,* Colette Sauvé
- *Os amigos de meus filhos,* Carmen Guaita
- *A família no mundo em transformação,* Frei Humberto Pereira de Almeida, O.P.
- *Saber dizer não às crianças,* Robert Langis

ÍNDICE

7 Apresentação
9 Primeira reunião:
AMIZADE
10 Segunda reunião:
CRESCIMENTO NO AMOR
11 Terceira reunião:
CULTIVAR O AMOR
13 Quarta reunião:
O GRUPO E A COMUNIDADE
14 Quinta reunião:
DIFERENÇAS PSICOLÓGICAS
15 Sexta reunião:
TELEVISÃO E FAMÍLIA
17 Sétima reunião:
DIÁLOGO COM OS FILHOS
19 Oitava reunião:
HABITAÇÃO
21 Nona reunião:
O PERDÃO
23 Décima reunião:
NECESSIDADE DO DIÁLOGO
24 Décima primeira reunião:
EMPREGO E SALÁRIO
26 Décima segunda reunião:
AS CHANTAGENS DO CASAMENTO
27 Décima terceira reunião:
PROMOÇÃO SOCIAL
29 Décima quarta reunião:
CONDIÇÕES PARA O DIÁLOGO

30 Décima quinta reunião:
DIVERGÊNCIAS NA EDUCAÇÃO DOS FILHOS
32 Décima sexta reunião:
PARE!
34 Décima sétima reunião:
SEGURANÇA SOCIAL
36 Décima oitava reunião:
AJUSTAMENTO CONJUGAL
37 Décima nona reunião:
A QUEM RECORRER?
38 Vigésima reunião:
SAÚDE
40 Vigésima primeira reunião:
ESTUDO
41 Vigésima segunda reunião:
FAMÍLIA EM ORAÇÃO
42 Vigésima terceira reunião:
DESIGUALDADE SOCIAL
43 Vigésima quarta reunião:
TER TEMPO
44 Vigésima quinta reunião:
AJUDA MÚTUA
45 Vigésima sexta reunião:
NOSSA CONTRIBUIÇÃO MATERIAL
46 Vigésima sétima reunião:
AS EMPREGADAS
48 Vigésima oitava reunião:
AJUSTAMENTO SEXUAL
49 Vigésima nona reunião:
DIA DA ALEGRIA E DA LIBERTAÇÃO
50 Trigésima reunião:
EDUCAÇÃO
52 Trigésima primeira reunião:
VIVÊNCIA CRISTÃ

53 Trigésima segunda reunião:
FAMILIARES
54 Trigésima terceira reunião:
DO PAI AO PAI
55 Trigésima quarta reunião:
HUMILDADE E DIÁLOGO
56 Trigésima quinta reunião:
CIÚMES
57 Trigésima sexta reunião:
PARTICIPAÇÃO NOS BENS
59 Trigésima sétima reunião:
EDUCAÇÃO RELIGIOSA
60 Trigésima oitava reunião:
EDUCAÇÃO SEXUAL DA CRIANÇA
62 Trigésima nona reunião:
NAMORO
63 Quadragésima reunião:
SERVIÇO A CRISTO NA IGREJA
65 Quadragésima primeira reunião:
FUTURO DOS FILHOS
67 Quadragésima segunda reunião:
FILHOS ADOTIVOS
69 Quadragésima terceira reunião:
EDUCAÇÃO RELIGIOSA DOS FILHOS
70 Quadragésima quarta reunião:
PAIS E FILHOS
71 DOCUMENTO DE PUEBLA
    Apêndice 1:   *A Família*
    Apêndice 2:   *Visão sociocultural da realidade latino-americana*
    Apêndice 3:   *Ação da Igreja em favor da pessoa na sociedade*
89 Apêndice 4:
A PALAVRA DE JOÃO PAULO II NO BRASIL
97 Sugestão de leitura